초록이 땡긴다

김숲 · 이나무 지음

자본지상주의 태생들의 영혼정화 보고서
-결단편-

자본지상주의 태생들의 영혼정화 보고서
-결단편-

차례

 일러두기 _8

 프롤로그 _10

초록이 있는 곳으로
: 복잡한 해골을 위한 '영혼정화 연수'를 결단하다

 초록의 꿈

> 김숲's

자본주의보다 자연주의 _김숲 20
초록 기운이여 솟아나라 _김숲 28
Here & Now _김숲 32

> 이나무's

숲과 호수의 나라, 핀란드 _이나무 42
옐로스톤부터 시작된 '국립공원 앓이' _이나무 48

✦ 김숲 & 이나무의 영혼정화 연수 결단에 관한 자문자답 _64

🌲 초록이 땡기는 이유

> 김숲's

회색 빛 마음공장 _김숲 74

어깨에서 소리가 난다 _김숲 82

사람을 믿었더냐 _김숲 88

입 없는 지각이상자 _김숲 96

프로 환경흡수자 _김숲 104

저장 공간이 가득찼습니다, 해골을 비워주세요 _김숲 110

> 이나무's

제가 좀 느려서요 _이나무 118

낙관이 아닌 비관의 힘 _이나무 126

진정한 공부는 언제 _이나무 132

고달픈 취준생 연대기 _이나무 142

돈으로 모든 걸 살 수 있는 나라 _이나무 148

네모공화국 _이나무 154

숨 쉬고 싶은 대한민국 _이나무 160

✦ 김숲 & 이나무의 트래블러? 트러블러! _ 166

 초록의 결단

> 이나무's

숲과 나무의 기획조정실 _이나무 176
드디어 결단, 터닝포인트 _이나무 180
나는 왜 퇴사를 생각해보게 되었나 _이나무 184
퇴사를 말하다-커밍아웃 _이나무 188
어쩌다 휴직 _이나무 196

✦ 김숲 & 이나무의 영혼연수 십계명 _ 203

> 김숲's

살던 대로 살지 않기로 했다 _김숲 204
연수간다, 영혼정화 좀 하러 _김숲 208
초록심리학 _김숲 218
다 가질 수 없다 _김숲 224
지나고 나면 다가올 의미 _김숲 228

✦ Thanks to. _ 232

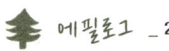 에필로그 _ 236

끝난 줄 알았지? 또 다른 에피소드의 시작

일러두기

❦ 이 책은 단순여행기가 아닙니다.

❦ 이 책은 그간 나름의 치열한 생활로 몸과 마음이 지친 '쫄보 스탠다드' 김숲과 이나무의 지극히 개인적인 생각과 의견을 담은 것으로, 새로운 결단을 하게 된 연유를 잊지 않기 위해 써 내려간 일기 같은 기록입니다.

❦ 이 책은 글쓰기 '쌩' 초보인 두 저자가 전문적인 배움 없이 쓴 이야기입니다. 서로 합의 없이 각자의 표현방식으로 자유분방하게 휘갈겨 쓴 글이기에, 내용상의 중복과 어설픈 서술이 자주 출현할 수 있습니다. 글이 너무나도 써보고 싶었던, 시간에 쫓기는 현대인 둘이 낸 독립출판물이라는 점을 강조합니다. 부디 너른 아량으로 이해 부탁드립니다.

❦ 이 책은 픽션과 논픽션을 복합적으로 담고 있으며, 등장하는 인물, 사건, 조직 및 배경은 실제와 어떠한 관련이 있거나 없을 수도 있음을 밝힙니다.

❦ 이 책에는 주관에 따른 직·간접적 비판과 풍자가 포함되어 있습니다.

꽃 이 책의 내용은 당신의 의견과 다른 부분이 있을 수 있으며, 정도에 따른 반감이나 기분 저하 또는 상승이 동반될 수 있습니다.

꽃 이 책은 자본을 극도로 지향하는 물질 만능, 환경파괴 라이프스타일 버전은 지원하지 않습니다.

꽃 이 책은 학연·지연·혈연에 기생하여 살아가는 일부 사람들이 읽기에 부적절한 내용(주제, 표현 등)을 포함하고 있어 주변인들의 독서 지도가 필요합니다.

꽃 이 책은 김숲과 이나무의 자유로운 의견을 담은 독립 에세이로 무분별한 공격적·원색적 비난은 정중히 거절합니다.

꽃 이 책은 숲과 나무를 사랑하기 시작한 두 지구인이 만든 것으로, 이 책이 만들어지기까지 희생된 나무들에게 감사와 경외를 보냅니다. 창작물에 대한 욕심으로 많은 종이들을 소비하고야만 모순에 용서를 구합니다. 🌏

프롤로그

초록이 있는 곳으로
: 복잡한 해골을 위한 '영혼정화 연수'를 결단하다

"우리도 콱! 마 저질러보자! Why not?"

자연을 사랑하는 우리는 자칭 김숲과 이나무. 나름 완벽주의자들, 헛점은 슬로우리스트... 신속정확이 신조인 나라에서 꺼이꺼이 고군분투하는 거북이 군단이다.

서울대는 못 갔지만 하라는 대로 따박따박 살아온 스탠다드 인생들이 작당모의 끝에 1년! 길 한번 떠나보려 큰맘 먹었다. 이름하여 셀프 기획, 복잡한 해골을 위한 '영혼정화 연수' 프로젝트!

요즘 시대에 여행 얘기는 진부하다. 안다. 각종 테마의 여행 얘기가 난무하지만 그 흔한 남의 여행이 부러운 사람은 아직도 많다. 여기 우리도 그랬다. 누군가의 도전, 모험 그리고 성장이 겁쟁이인 우리에게도 늘 동경 거리였다.

부러워만 하고 있는 게 여지껏 우리 인생이었다. 벗어나고 싶어질 만큼 괴로웠던 일상의 많은 것과 자연을 만나고 돌아온 몇 번의 여행이 우리에게 지금 더 필요한 것이 무엇인지 알려주었다. 오랜 고민 끝에 대책 없이 한 번 떠나보기로 결단했다. 우리의 테마를 갖고 단순한 여행이 아닌 '영혼정화 연수'를 기획한 것이다. 흔하디 흔한 이야기 중 하나가 될지라도 누가 뭐래도 나에게 만큼은 내 용기와 이야기가 큰 특별함이니까!

내 글을 써본 건 자기소개서 뿐인 본투비 이과생 1(이나무)과 정체성 혼란으로 인문학 언저리를 뱅글뱅글 맴돌아온 돌연변이 이과생2(김숲). 내 이야기를 무려 책으로 써보겠다는 시도는 또 하나의 새로운 도전이다. 이 이야기는 입으로만 큰 소리 빵빵치던 쫄보 둘이서 의기투합해 어떻게든 써 내려간 마음의 소리다.

✦

어릴 때부터 엄마도, 학교도 우리에게 말했다. 공부 열심히 하면 훌륭한 사람이 되고 돈도 많이 벌 수 있다고. 10년이 지난 지금 현실은 에듀푸어(edu-poor), 타임푸어(time-poor), 멘탈푸어(mental-poor), 그냥... 푸어(just poor)다. '다 그렇게 산다'지만 그러기엔 정신승리를 위해 쓰는 에너지가 너무나 많다.

어느 순간부터 가진 게 없는 자신이 부끄러웠다. 열심히 살아왔는데 계속 없었다. 시간도, 돈도, 마음조차도 여유가 없었다. 자존감과 자신감마저 사라졌다. 조급하고 빡빡하기만 했다. 스스로가 미워지고 세상도 미워졌다. 더 가져보려고 하며 빈틈없이 바쁘게 채워 넣고 또 채워 넣었다. 그럴수록 뭔가를 잃어가는 느낌이었다.

자본주의, 많이 소유하는 삶은 의심의 여지 없이

쫓아가야 하는 삶으로 어느새 맘속에 자리 잡았다. 어떤 가치관이 옳고 그른지 선택할 기회는 주어지지 않았다. 실은 영혼을 채우고 싶었지만 눈에 보이는 뭔가를 채우기에 급급해 마음이 말라가는 건 눈치채지 못했다.

"아.. 머릿속이 터질 것 같다(완.전.해.골.복.잡💀).
우리 여기 한번 가볼래?"

있는 돈 없는 돈을 모두 끌어모았다. 신용카드 빚을 갚아줄 미래의 나를 믿고 비행기 표를 끊었다. 경유지 두 곳을 들러야 마침내 목적지에 도착하는 값싼 비행기에 몸을 맡겼다. 이 모든 기획의 출발점은 '미국 옐로스톤 국립공원(Yellowstone National Park, USA)'이었다. 서른이 되던 해, 우리는 뭔가에 이끌려 그곳에 갔고 알 수 없는 불씨를 맘에 하나씩 안고 돌아왔다. 그 후로 안 하던 짓을 시작했다. 세계의 국립공원 다큐를 찾아보고 악세사리 대신 국립공원 책을 생일 선물로 준다. 뭐지? 생에 없던 자.연.앓.이.

두 번째는 '핀란드 라플란드 우르호 케코넨 국립공원(Urho Kekkonen National Park, Finland)'이었다. 우리는 핀란드를 다녀온 이후로 누가 먼저랄 것 없이 단호한 결단을 한다.

"놓자. 비우자. 그렇게 해보자. 한 번도 행복한 적 없었던 남의 인생처럼 살기 코스프레 말고, 가진걸 싹 버리더라도 내 마음이 크는 내 인생 연수를 스스로 기획해보자. 손에 쥔 거 아까워서 타인 시선 의식하고 비교하고 눈치보고... 이렇게 살아서 행복했냐? 아니!"

◆

우리는 나에게 옳은 방식을 찾는 영혼정화 연수를 떠나기로 했다. 최소 자본을 추구하는 '싼쓰 만만세!(발품팔아 최대한 절약하자는 우리 구호)' 정신으로 마음이 이끌리는 곳들을 걷는 영혼정화 연수 트레킹 코스를 스스로 기획했다(세상 처음 무모하다 뿌듯). 워킹 홀리데이를 하기에는 나이가 적지 않은 청춘(?)인지라 문화교류 공유숙소를 이용하기도 하고 캠핑(비박 포함)이나 차박도 감행할 생각이다.

자연보다는 도시가, 꽃과 나무의 이름보다는 패션 브랜드 이름이 더 익숙한 우리였다. 절약보다는 소비가 편하고 등산보다는 전기장판이 좋았던 우리가 자본보다 자연을 지향하는 초록의 꿈을 꾼다. 자연 속에서의 시간, 소유하기보다는 경험으로 채워가는 시간, 지금까지 가지려 애써왔던 것들의 의미를 되돌아보는 시간을 원한다. 진짜 내 마음이 필요로 하고 편안해하는 것이 무엇인지, 정말 원하는 삶의 방식과 가치관은 무엇인지 찾아보는 기회를 선물 해보려 한다.

우리는 믿는 구석이 있어서, 대책이 있어서, 부자라 갈 수 있는 사람들이 '진짜' 아니다... 다만 지친 스스로를 좀 챙겨줘야겠다. 몸을 챙겨 마음을 챙기고 내 삶도 야무지게! 지나친 겁보, 어지간한 범생이라 경로이탈이 맞는지는 모르겠지만 덜덜덜 떨면서도 새로운 길에 발을 내디딘다. 뭐 내 맘이 원하는 게 나한테는 제일 옳은 거니까. 그래 마 가볼란다!(경상도 출신)

갖지 않아도 채우는 법을 찾아 나서기로 한 우리의 영혼정화 연수, 그 결단의 앞선 이야기들을 여기 풀어본다. 🌲

"우리 여기 한번 가볼래?"

🌲 초록의 꿈

김
훈

자본주의보다 자연주의

본 투 비(Born to be) 자본주의... 자본의 소유가 곧 성공의 척도라고 학습하며 살았다. 눌러 앉혀놓고서 대놓고 주입한 건 아니지만, 여기 내가 태어난 시대의 사회 공기는 자연스레 모두가 자본지상주의에 깊이 젖어들게 만들었다. 암묵적인 그 공기 흐름은 인지하지 못한 새 내 폐 속으로 넘쳐 흘러들었다.

모두가 부자가 되고 싶어 했다. 부자가 되는 것이 행복이고 사람들에게 인정과 사랑을 받는 길이며 무시 당하지 않고 무시할 수 있는, 곧 갑으로 위풍당당 영생 불멸하며 사는 길이 되었다. 어느새 돈이 없는 건 생존과 자존의 위협이 되었다. 돈이 없는 부모는 자식에게 죄의식을 느껴야 했고 돈을 많이 벌어 용돈을 두둑이 드리지 못하는 자식은 불효라는 부끄러움을 감당해야 했다.

학교에 가고 학년이 올라갈수록 어떤 사람이 되고 싶냐는 질문보다 공부는 잘하는지 의대나 법대, 인서울 대학은 갈 수 있는지 따위를 물었다. 사람들이 묻기도 했지만 나 자신 조차도 스스로에게 그렇게 물었다. 입시가 끝나고 나면 새로운 질문지 앞에 놓였다. 일반적인 선택지는 세가지로 좁혀진다. 전문직, 대기업, 공무원... 많거나 혹은 여의치 않으면 안정적이기라도 한 수입이 보장되는 선택지. 시키는 공부만 해온 평범한 대학생에게 그 외의 세상은 없는 것처럼 느껴졌다.

시간이 좀 더 흐르면 다시 새로운 질문이 던져진다. 남자친구는 있는지, 뭐하는 사람인지 (전문직, 대기업, 공무원 셋 중 하나인지)를 묻는다. 세상이 말하는 결혼 적령기에 이른 딸은 때로 부모에게까지 상품처럼 취급되기도 한다. 혹은 자발적인 상품이 되어 선 시장에 나를 내놓는다. 지하철에는 상류층 결혼 보장을 내건 광고들이 당당한 목소리를 낸다. 애써 시선을 돌리면 필러, 보톡스, 다이어트 광고들과 당신의 가치를 올려주는 새 아파트가 분양한다 따위의 광고들도 지지 않는다.

◆

나는 세상을 따라가기가 버겁다. 과연 내 것인지 남의 것인지도 구분되지 않는 욕망에 날마다 시달린다. 욕망이 커질수록 불안은 높아지고 더불어 절망감도 더 고공행진 한다. 물리적 가난은 계속 이어지고 정신적 가난까지 가중된다.

뭔가를 성취하려고 애쓰며 살았다. 애쓰며 사는 것이 내 가난의 면죄부가 되는 것이라 여겼다. 언젠가는 젊음을 갈아 바친 이 노력이 나에게 경제적 보상을 줄 것이라 생각했다. 이것저것 욕심을 내며 더하고 또 더했다. 빈틈없이 가득 찬 일상과 가득 찬 핸드폰, 가득 찬 컴퓨터, 가득 찬 두뇌. 언제나 '비움' 경고 창이 떴지만 수십수백 번 다음으로 미루며 과부하 상태를 이어나갔다.

서른이 넘어 일 년에 한번, 열흘 정도의 여행은 나에게 숨 쉴 구멍이었다. 국립공원으로 향하게 된 건 우연이 아니었다. 터져나가기 일보 직전인 상태를 내 뇌는 본능적으로 알고, 그곳으로 가라고 긴급 생존 신호를 보냈던 것 같다. 나는 친구 이나무에게 느닷없이 '옐로스톤'으로 가자고 했다. 대학생 때부터 미국에 가보고 싶다고 했던 이나무의 부르짖음이 떠올랐다. 나 때문에 뉴욕도, LA도, 라스베이거스도 아닌 옐로스톤이 이나무의 첫 미국 여행지가 되었다.

옐로스톤은 광활하고도 광활했다. 8월 한여름의 옐로스톤에는 사계절이 공존했다. 대자연의 경이로운 광경들은 한국에 두고 온 나의 치열한 분투를 단 며칠이지만 모두 잊게 해주었다. 그야말로 영혼 디톡스, 영혼이 정화되었다.

그 후 자연앓이가 시작되었다. 다시 1년 후 우리는 작당 끝에 핀란드로 갔다. 난데없이 핀란드였다. 그냥 땡겼다. 그저 초록이 땡겼다.

우리는 수도 헬싱키가 아닌 핀란드의 북단 라플란드로 향했다. 구글 지도에서 '우르호 케코넨'이라는 국립공원을 발견하고 그곳에 핀을 꽂았다. 그곳엔 숲이 있었다. 옐로스톤의 대자연과는 또 다른 감동이었다. 말로 표현할 수 없는 고요와 청량함 속에서 숲의 경외를 온몸으로 느꼈다. 핀란드 사람들은 대부분 홀로 숲을 찾았다. 나는 스쳐가는 그들의 모습에서 말하지 않아도 느껴지는 소박하지만 단단한 행복의 기운을 전해받았다.

"아, 자연 가까이에서 욕심없는 간결한 삶을 살아가고 싶다."

✦

다시 일상으로 돌아왔다. 수많은 광고가 붙은 도시 속에서 복잡한 대중교통에 나를 욱여넣고 담배꽁초와 쓰레기들이 가득한 거리를 좀비처럼 걸었다. 다시 가고 싶었다. 『월든』의 헨리 데이비드 소로는 될 수 없어도, 『아름다운 나의 정원』에서 타샤처럼 살 수는 없어도 자연을 가까이서 만나는 삶이 일상이길 바랐다.

한국에 소개된 핀란드에 관한 많지 않은 책들을 모조리 찾아 읽기 시작했다. 핀란드에 대한 정보는 그다지 흔치 않았다. 핀란드인들의 가치관은 색으로 따지면 '초록'을 연상케 했다. 그들에게는 자연과 환경을 아끼는 태도가 기본적으로 장착되어 있다. 자연주의가 삶의 기본자세랄까. 자연주의는 미니멀리즘으로 연결된다. 물건을 소중히 다루고 중고가게가 활성화되어 있으며, 불필요한 소비는 하지 않는 생활 방식마저 근사하다. 단순한 삶에 가치를 둔다. 핀란드의 방식은 내게 자본지상주의 가치관에서 벗어나 새로운 삶의 방식을 선택할 수도 있으리란 희망을 열어주었다.

미니멀리즘으로 삶을 꾸려가는 사람들은 생각보다 많았다. 그 이야기를 보고 들으며, 내 생활을 되짚어 보았다. 너무 많은 물건에 치여 살고 있었지만 늘 더 가지길 원했다. 무엇이 진짜로 필요한 것인지는 신중히 생각하지 않고 계속 새로운 소비와 소유 욕망에 나를 그대로 내던졌다. 뭔가를 갖고 싶지만 가질 수 없는 상황을 늘 괴로워하며 살았다. 근본적인 질문을 던져본다.

"그거 꼭 가져야 하는가? 왜?"

가지기보다는 오히려 버려야 한다는 것을 조금씩 깨닫고 있다. 하나씩 야금야금 불필요한 것들을 버리기 시작하니 홀가분한 행복과 많이 갖지 않아도 살 수 있다는 용기가 찾아온다. 초록빛 세상에서 알려준 자본주의보다 우아한, 가볍고 상쾌한 삶이 퍽이나 마음에 든다. ♣

🌲 김숲과 이나무의 조그만 자연주의 서가

김
숲

초록 기운이여 솟아나라

"새벽 4시에 일어나 대여섯 시간을 쉬지 않고 일한다. 오후에는 달리기나 수영을 하고 책을 읽고 음악을 듣는다. 그리고 저녁 9시에는 잠이 든다."

『노르웨이 숲』으로 유명한 작가 무라카미 하루키(Murakami Haruki)는 자기만의 성실한 일과를 가진 것으로 유명하다. 하루키 이외에도 많은 작가와 예술가들은 일상을 꾸리는 자기만의 의식적 루틴, 이름하여 리추얼(ritual)을 갖고 있는 경우가 흔하다.

마음에 들지 않는 나를 바꾸고 싶어서 한때 자기계발서를 한창 읽은 적이 있다. 성공한 사람들이 사는 방법, 이렇게 해야 성공한다는 식의 강한 어투로 강조하는 많은 방법들을 따라 해보기도 했다. 내가 어떤 사람인지도 잘 모르는 채 성공한 사람들의 방식에 무리하게 나를 밀어 넣고는 끝내 실천하지 못하는 자신을 비난하는 일을 반복했다.

4시간만 자라, 일찍 등교하거나 출근해서 공부하고 일하라, 매일 5km 이상 걸어라 등의 많은 방식들은 멋져 보였지만 모든 것을 취하기란 버거운 일이다. 어떤 시도든 거듭할수록 '그들처럼 살지 못하는 나는 의지가 약하고, 그래서 실패하는 것이다.'라는 부정적인 자기 프레임만 더 강해질 뿐이었다. 삶에 서툰 나는 남의 성공한 인생을 자주 따라 하고 싶었다. 표준화된 성공과 행복이 있다고 믿었기 때문인지 모른다. 잘 사는 삶의 공식이 있다고 생각했던 것 같다.

 ✦

 어느 순간 자기 계발서 식의 삶을 사는 것을 중단했다. 그 사이 나는 다양한 사람들의 다양한 삶에 대한 관심이 커졌다. 성공과 행복한 삶에 대한 편협한 관점이 서서히 달라졌다.
 하루키의 일상이 이제 내게 조금은 다르게 다가온다. 예전의 시선으로 그의 일상을 보았다면 '성공한 유명 작가의 범접할 수 없는 성실함'으로 받아들였을 것이다. 그처럼 살아야 훌륭해진다는 메시지로, 그래서 따라 할 것을 권장한다는 뜻으로 말이다.
 이제는 안다. 그는 그저 자기의 방식을 찾은 것이다. 자신이라는 도구를 가장 잘 활용할 수 있는, 가장 잘 맞고 편안하며 합리적인 방식을 찾은 것이다. 하루키의 리추얼은 스스로를 두고 수많은 실험을 반복해 정립한 일상의 반복이다. 그는 실제로 '반복은 일종의 최면으로 반복 과정에서 나는 최면에 걸린 듯 더 심원한 정신 상태에 이른다'고 말했다. 그는 스스로 찾아낸 자기만의 리추얼을 가치 있고 소중하게 여긴다.
 세상은 복잡하고 자주 나를 흔든다. 다 잡았던 마

음은 누군가의 말을 듣거나 그의 삶을 방식을 엿보며 휘청거린다. '저 사람은 저렇게 사는데 나는 이렇게 살아도 될까?' 이내 마음엔 짙은 회색의 먹구름이 드리운다. 자신만의 리추얼을 찾고 그 방식을 스스로 따르며 사는 사람들은 세상의 방해에도 자신을 지키며 혼자만의 의식을 해나간다. 푸르고 절개 있는 초록의 소나무처럼 일상을 명쾌하게 이끌어 나간다. 취침이나 기상하는 시간, 몸과 마음의 건강을 위해 하는 활동, 물건과 공간을 관리하는 방법, 어떤 일을 얼마나 할지 등 하루를 구성하는 사소한 일들을 스스로 정하여 생동감 있는 생을 산다.

✧

바로 오늘 행복하기. 언젠가 그 일을 할거라는 막연한 바람으로 사는 삶이 아닌 바로 오늘 내가 하고 싶은 일을 작게나마 해 보기로 한다. 바람이 바람으로 그칠 때 가장 기운이 빠진다. 내 안의 무수한 바람들이 이룰 수 없는 꿈이 되어 나를 휘저을 때마다 작지만 강한 행동으로 '초록의 기운'을 뿜어내보자! 이토록 기운찬 리추얼이 초록 생기가 도는 하루를, 생명력 강한 인생의 숲을 만들 테니. 🌲

김
눈

Here & Now

사람이라면 궁극적으로 누구나 행복을 바란다. 행복에 대한 많은 사유와 행복해지는 방법에 대한 다양한 의견들, 심지어 과학적인 근거를 바탕으로 한 방대한 지식들을 보건대 더 이상 인류는 불행할 이유가 없어야 하는 게 맞다. 분명 우리는 행복에 대해 많이 알고 있다. 그렇지만 나의 경우 대개는 행복하지 않았다. 행복은 아는 게 아니라 경험하는 실재가 되어야 한다. 나를 불행하게 했던 것들을 진단해본다.

⋄

얼마 전 우연한 기회로 『행복을 풀다』라는 책을 접하게 되었다. 나만의 행복을 찾는 과정에 이 책에서 다룬 이야기들은 꽤 많은 참고가 되었다. '지금은 아무 문제가 없다.' 책 속의 이 문구는 내 행복의 기준점으로 삼아도 좋을 듯했다. 폭풍이 휘몰아치는 순간마다 돌아가 되뇌이고 싶은 말이 되었다. 고통과 괴로움은 과거나 미래에서 온다. 현재의 시간을 과거 또는 미래와 관련된 생각으로 가득 채워 살며 단 한 번 뿐인 지금을 놓쳐 버리는 일이 부지기수다. 거의 모든 순간을 과거와 미래에 내어주며 지금을 살지 않는다면 나는 과연 살아있는 게 맞을까?

이 글을 쓰고 있는 지금, 여기의 순간을 관찰해본다.

그렇다. 이 순간 나는 정말로 아무 문제가 없는 것이다. 대부분의 순간에 누구든지 우리는 실제로 아무 문제가 없이 살아있다. 문제라고 느끼는 것은 가만히 뜯어보면 과거에 이미 일어난 일에 대한 부정적 해석이거나 미래의 일에 대한 우려에 불과한 것이다.

늘 잊는다. 지금을 놓치고 과거와 미래의 부정적 색깔이 현재를 물들인다. 걷잡을 수 없이 매 순간들이 부정적인 순환고리 속에 갇혀 버린다. '지금, 여기(Here & Now)'로 돌아와 가만히 머물러 보면 이 순간 건강하게 숨 쉬고 있으며 충분히 안전한 곳에 무사히 살아있다. 어떤 혼란이나 무질서, 곤란이 일어나도 나는 '지금, 여기'를 기억하는 방식으로 돌아가 중심을 잡기로 했다.

✦

마음챙김(Mindfulness)은 여기저기 과거와 미래로 떠도는 산란한 마음이 '지금, 여기'로 돌아올 수 있도록 돕는 명상 훈련이다. 어떤 판단도 하지 않고 의도적으로 현재 일어나는 경험에 주의를 기울이기, 이것이 마음챙김의 진수다.

나만의 행복의 첫 번째 원칙을 '지금, 여기, 마음챙김'으로 삼자 나는 조금씩 삶의 찰나들을 경험하기 시작했다. 항상 너무나 당연했던 것들이 새롭게 다가온다. 들이쉬고 내쉬는 호흡을 지켜보는 일.

내가 이렇게 계속 숨 쉬고 있었구나 하는 것을 알아차리는 것만으로 그 순간만큼은 온전히 깨어있고 살아있다. 호흡과 감각으로 내딛는 걸음과 작은 움직임들! 이렇게 하루의 많은 영역으로 마음챙김을 확장해 가다 보면, 삶에서 단 한 번뿐인 모든 순간들을 진정으로 살아있게 될 것이다.

순간을 소중하게! 나만의 행복은 여기서부터 뿌리를 내린다. 기억과 두려움 속에서 표류하지 않고 지금이라는 시간을 잃어버리지 않는 것, 영혼정화 연수의 기본 닻이다. ♣

🌲 핀란드 우르호케코넨 국립공원에는 여러 개의 숲길이 있다. 탐방객들이 길을 잃지 않도록 중간중간 이정표를 세심하고도 깜찍하게 마련해두었다.

🌲 핀란드 전국 각지의 숲 속에는 곳곳에 작은 오두막들이 있다. 안에는 불을 지필 수 있도록 화로와 장작이 있고 침낭을 준비해 간다면 하룻밤 묵을 수도 있다.

♣ 핀란드 숲 속을 걷다가 시선을 강탈한 대왕 버섯이다. 존재감이 엄청났다. 100일 동안 달여 먹으면 진짜 곰도 사람이 될 것만 같은 전설적인 아우라.

♣ 숲 길을 따라 걷다보면 수많은 호수를 만난다. 가만히 앉아서 고요한 정경을 바라보고 있노라면 '내 마음은 호수요, 그대 노 저어오오' 라는 시의 구절이 떠오른다.

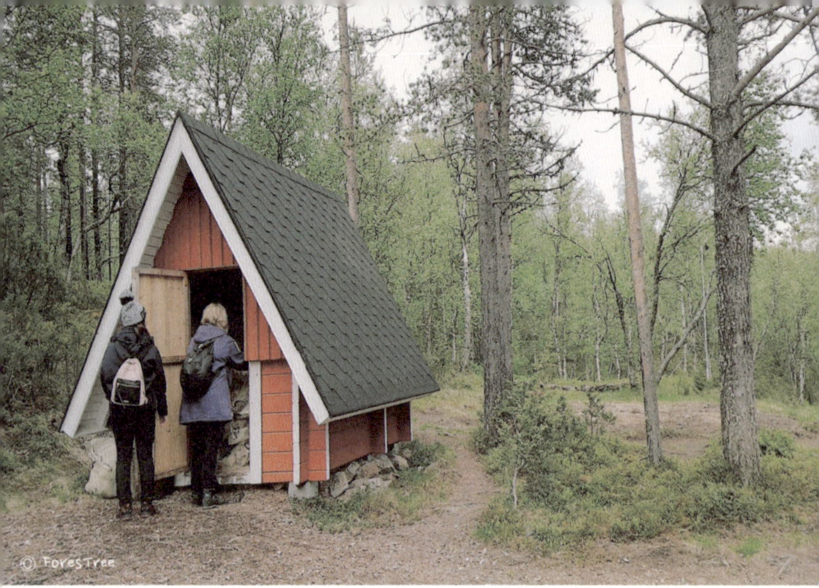
© ForesTree

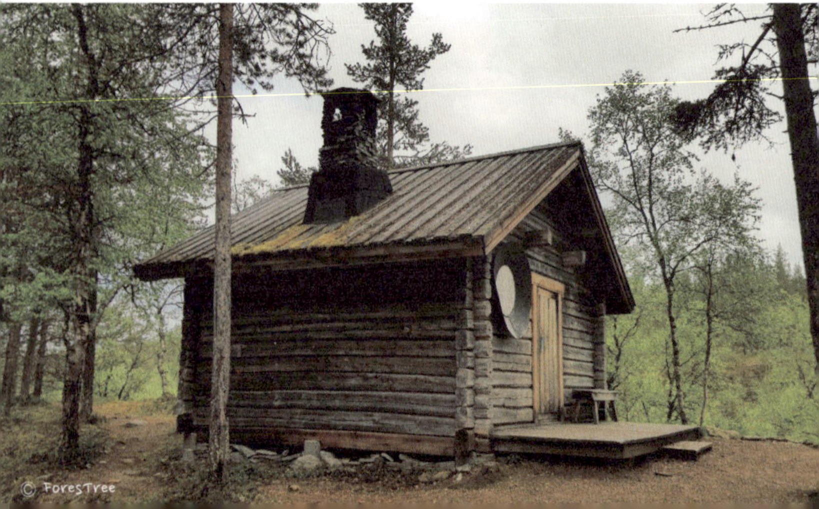
© ForesTree

🌲 아기돼지 삼형제 중 막내가 지은 집을 연상케하는 요 앙증맞은 집의 정체는 장작 하우스다. 누가 패 놓은 장작인지 알 수 없는 무수한 장작들이 곱게 쌓여있다.

보라색 점퍼를 입은 아주머니는 혼자 장작 한 묶음을 가져가시더니 근처 캠프사이트에서 혼-소세지를 구워 드시며 고독을 씹다 가셨다.

이
나
무

숲과 호수의 나라, 핀란드

처음 여행을 갔을 때는 그 경험이 나에게 가장 큰 충격과 감동일 거라 생각했다. 몇 번의 여행이 거듭될수록 감동은 배가 되었고 새로운 여행지를 선정하는데 신중해졌다. 일 년에 한 번뿐인 여름휴가는 일상에 지쳐있는 내게 큰 활력이었다. 결국 나에게는 가장 최근에 다녀왔던 여행이 가장 기억에 남는다. 지금 내 머릿속을 가득 채우고 있는 그곳, 바로 핀란드다.

떠나기 전, 여행 정보를 찾는다는 이유로 여러 가지 문헌을 뒤적거렸다. 남한의 3배가 넘는 국토 면적에 약 550만 명이 산다는 핀란드. 국토의 75%가 숲이고 18만 8천 여개의 호수가 있어 '숲과 호수의 나라'라고 불린다. 나는 그 자연 속에 파묻혀 휴식할 작정이었다. 우리나라에서 느끼는 복잡하고 답답한 상황으로부터 잠시나마 벗어나 고요하고 잔잔한 매력에 빠져보고 싶었다.

✦

기대감을 안고 수도인 헬싱키에 도착했다. 6월의 핀란드는 백야 현상으로 오로라는 만날 수 없지만 북쪽 나라의 얼마 안 되는 따뜻한 시기라서 그들 나름의 '성수기'라고 하였다. 성수기라기에는 너무나 한산한 분위기에 공항에서부터 색다른 인상을 받았다. 공항

규모도 인천공항에 비할 수 없을 정도로 작고 건물의 높이도 낮았다. (물론 있을 건 다 있고 불편함은 전혀 없었다.) 그만큼 마음도 차분해졌다. 전 세계에서 국토 대비 산림 면적 1위임을 증명하듯, 정말이지 주변이 다 초록이었다. 모든 감각과 심신이 초록으로 물드는 기분이었다. 그야말로 산림의 나라였다. 자연을 온전히 느낄 수 있는 여행, 내가 핀란드에 온 이유였다.

내가 살고 있는 한국과 비교해보고 싶었다. 열흘 동안 최대한 현지 분위기를 느끼고자 도심보다는 시골로, 가능한 한 변두리로 향했다. 멋지고 화려한 건축물이 있는 유명 관광지는 우선순위에 두지 않았다.

숲에 들어가면 호수가 있었고 호수를 찾아가면 숲이 있었다. 장작을 피워 소시지를 구워 먹는 사람도 종종 만날 수 있었다. 지나가던 누구나 잠깐 들를 수 있는 통나무 오두막도 있었다. 문명사회에서 원시 시대로 옮겨 온 것 같았다. 거추장스러운 것들과 시끄럽고 복잡한 것들은 찾아볼 수 없었다.

✦

우리는 주로 에어비앤비를 통해 현지인의 집에 묵었다. 그들의 가족들과 함께 지내며 알게 된 사실이 있었다. 아이를 키우는 방식이 우리와 너무 달랐다. 어린 아이에게 그 아이의 키보다 살짝 낮은 안장이 달린 자전거를 꺼내 주며 보호자 없이 혼자 외출을 허락하는 것이었다. 충분히 위험해 보였고 무리이지 않을까 걱정했다. 나중에 들어보니 핀란드 사람들은 아이들에게 어렸을 때부터 독립심과 자주성을 길러줘야 한다는 가치관을 가지고 있다고 했다. 스스로 학습하며 자신의 삶을 꾸려나갈 수 있도록 교육한다는 핀란드.

그러고 보니 여행하면서 무리를 지어 다니는 사람들을 잘 본 적이 없다. 공원을 가도, 사람들이 떼를 지어 다닐 법한 중심가를 가도 혼자인 사람이 대부분이었다. 남녀노소 불구하고 홀로 자전거를 타고 여기저기를 다니고 있었다. 그 순간마다 주변에는 자연이 있었다. 핀란드는 도심이나 시골이나 별다른 차이가 없었다. 1인당 생활권 도시림 면적이 꼴찌인 서울과는 사뭇 다른 모습이었다.

시간이 지날수록 우리는 개발을 이유로 산림 면적이 줄어들고 있지만 핀란드는 점점 나무 수가 많아지고 숲도 더욱 풍성해지고 있다. 자연은 그자체로도 소중하지만 인간을 위해서라도 보존하고 관리되어야 한다는 지론에서다. 쾌청한 하늘과 깨끗한 공기를 유지할 수 있는 것도 그들이 나무와 숲을 지키는 데 많은 노력을 기울였기 때문이다.

"핀란드 사람들은 자연에서 치유하고 재충전하는 것이 진정한 휴식이라고 믿는다. 바쁜 일상 중에도 숲 길을 걷고 베리를 줍기도 하며 잔잔한 호수에 앉아 노을을 바라보며 지친 몸과 마음을 어루만진다."
-공유의 베드타임 스토리(오디오 클립) 중에서

그렇게 자연 속에서 행복을 찾는다는 핀란드 사람들처럼 나도 따라 자연과 교감했다.

물건을 만들 때도 언제나 환경을 생각하는 마음이 담겨 있었다. 두루마리 휴지심 조차 물에 쉽게 녹을 수 있도록 만들어서 변기에 처리할 수 있게 해 놓았다. 펄프 자원만큼은 세계의 어떤 나라에 뒤지지 않을 만큼 충분했지만 오히려 종이의 가격을 높게 책정해 낭비를 줄이고 있었다. 소중히 다루고 아껴 써야 한다는 물자 절약 정신과 환경보호 차원에서였다.

✦

열흘간의 여정을 마치고 한국으로 돌아오는 비행기 안에서 나는 깊은 생각에 잠겼다. 지구온난화와 미세먼지 등 인간을 괴롭히고 있는 기상이변은 우리가 자초한 일이 아닐까 하고 말이다. 인간이 발생시킨 공해로 인해 동물과 식물들은 물론이고 미래 세대에까지

악영향을 미치고 있다는 사실이 안타까웠다. 한국도 분명 아름다운 자연경관과 넓은 산림 면적을 가진 나라이지만, 나무를 심고 가꾸는 일보다는 건물들을 건축하는 일에 더 혈안이 되어있다. 언제까지 이렇게 살지 모르겠다. '숲속의 대한민국'을 기대해 볼 순 없을까.

공항 입국장 밖을 나오니 TV 뉴스에서는 온갖 기상 관련 주의보와 경보를 알리는 안내가 요란했다. 미세먼지가 자욱한 대기를 보고 있노라면 그때의 맑은 공기와 청명한 하늘이 너무나도 그립다. 🌲

이
나
무

옐로스톤부터 시작된 '국립공원 앓이'

불과 3년 전까지만 해도 국립공원에 대해 무지했고 관심조차 없었다. 그러던 어느 날 TV에서 하는 다큐멘터리 속의 기이한 장면 하나에 꽂혀 채널을 고정하게 되었다. 호기심이 생겨 찾아보니 미국에 위치한 옐로스톤 국립공원에 있는 '그랜드 프리즈매틱 스프링(Grand Prismatic Spring)'이라는 온천이었다. 세계에서 세 번째로 큰 규모이며 지질학자들이 처음 발견하면서 인상적인 색채의 모습을 보고 붙인 이름이라 했다. 사진과 영상으로만 보고 있자니 온몸이 근질거렸다. 직접 눈으로 무지갯빛 온천 호수를 확인하리라 다짐했다.

✦

옐로스톤에 가려면 미리 준비하고 염두 해야 할 사항이 있었다. 접근성이 좋지 않기 때문에 국내선을 두 번 타고 내려서는 차로 2시간 남짓을 달려 가장 가까운 국립공원의 입구까지 가야 했다. 짧은 휴가 기간이었지만 이동에 과감히 시간을 투자했다. 그만한 가치가 충분히 있을 것임이 틀림없었다. 그렇게 우리는 세계 최초의 국립공원, 옐로스톤에 도착했다.

국립공원 입구에서 안내 책자와 지도를 받는 순간 가슴이 쿵쾅거렸다. 마치 게임을 시작하는 기분이었다. 들어서자마자 거대한 미국 들소인 바이슨과 엘크 무리의 환영인사를 받으니 입이 떡 벌어졌다. 도로 한복판을 가로지르며 천천히 발걸음을 옮기는 야생동물의 모습을 머무는 내내 어렵지 않게 볼 수 있었다. 달력이나 윈도우 배경화면에서만 보던 광경을 눈앞에서 만나니 감동은 더 컸다.

캠핑을 할 수 있는 캠프 사이트는 종종 있었지만 지도에 표시된 숙박시설과 자연경관을 찾아가려면 더 깊은 곳으로 들어가야 했다. 점점 통신이 약해졌고 내 비게이션도 작동하지 않아 GPS와 종이 지도에 의존해야 했다. 디지털의 편리함이 익숙한 세대지만 오히려 마음은 더 편해졌다. 옐로스톤에 들어온 모든 사람들은 자연에서의 교감을 중요하게 생각하는 국립공원 측의 방침에 암묵적인 동의를 하고 있었다. 말 그대로 '디지털 디톡스'였다.

수많은 간헐천과 화산지형 등 진귀하고 웅장한 자연물이 끝없이 펼쳐졌다. 옐로스톤은 평온했으며 엄숙하기까지 했다. 밤이 깊으면 인공조명들도 모두 소등이 되고 칠흑 같은 어둠이 찾아왔다. 그 속에서 빛나는 별을 보고 있노라면 우주의 티끌 같은 존재인 나에 대한 성찰을 하지 않을 수 없었다.

그 이후로 나의 국립공원 앓이가 시작되었다. 8000km^2가 넘는 광활한 지역의 옐로스톤을 짧은 시간에 훑은 부작용일 수도 있다. 우리나라 경기도 면적만큼 넓은 곳을 겨우 3일 만에 속성으로 둘러보고 온 탓인지, 꼭 다시 오고야 말리라는 강렬한 염원이 생겨났다.

✧

내가 그토록 국립공원을 좋아하는 이유를 곰곰이 생각해보았다.

첫째, 오랜 시간의 흔적을 담은 다채롭고 장엄한 대자연의 신비를 만날 수 있다.

둘째, 값어치를 매길 수 없는 생태학적 가치를 담고 있다.

셋째, 자연을 최대한 있는 그대로 보존하겠다는 고귀한 정신이 깃들어 있다.

넷째, 자연과 인간이 공존할 수 있는 가장 최선의 방법을 모색하며 올바른 원칙으로 일관성 있게 관리되고 있다.

이런 점들로 나는 국립공원을 동경하고 존경한다. 처음엔 단순한 관광 목적으로 방문했지만, 옐로스톤에서의 기억은 관광 그 이상의 것을 내 마음에 남게 했다. 국내를 포함한 전 세계에 있는 아름다운 국립공원들을 기회가 닿는 한 방문해 보고 싶은 꿈이 생겼다. 그 여정에 동행하기로 한 김숲이 지난 생일에는 선물로 『National Parks of America & Europe』이라는 책을 선물로 건네주었다. 그 말도 안 되는 선물에 설렘을 느끼게 될 줄은 정말 꿈에도 몰랐던 일이다. ♣

Wash your spirit clean.
- John Muir(Environmentalist)

🌲 대자연 앓이의 신호탄 옐로스톤 국립공원에서

 Morning Glory Pool

Grand Prismatic Spring

🌲 Grand Canyon of the Yellowstone

김숲 & 이나무의
영혼정화 연두 결단에 관한 자문자답

❦ 질문 1. 왜 가려고 하는가?
김숲&이나무 그저 가고 싶어서. 지금 생활에 꽤나 불편해서. 그만 버티며 살고 싶어서. 길을 잃다 잃다 지쳐서. 한 번쯤 전환하고 싶어서. 용감해지고 싶어서. 다르게 살아보고 싶어서. 웃고 싶어서. 정신건강을 위해서. 무례한 사람에게 친절하게 대하는 게 버거워서. 많이 속아서, 그래서 아파서. 의심과 경계, 긴장하는 삶에 이완이 필요해서. 걷고 싶어서. 잠시나마 마음의 여백이란 걸 찾아보고 싶어서. 더하기보다 빼기를 위해서. 가치관을 정리하고 새롭게 정립하기 위해서.

❦ 질문 2. 뭐하러 가는가? 가서 뭘 할 건가?
김숲&이나무 일상적 트래킹. 소소한 우리만의 트래킹 루트 개발. 피엘라벤 클래식(2005년 스웨덴에서 시작된 자연을 걷는 이벤트) 참여. 국제 산림 치유 가이드 훈련(International Forest Therapy Guide Training)과정 참여. 산림치유(Forest Therapy) 관련 컨퍼런스&세미나 참여. 국립공원 탐방. 캠핑. 비박. 소박한 일상 살이. 살고 싶은 방식에 대한 탐색, 고민과 궁리.

+그 밖에 클.알.못이지만 마음이 편해지는 클래식 공연 감상하러 가기. 폴란드 바르샤바 쇼팽 야외무료 공연 보기. 로컬 도서관과 서점 방문 자주 가기. 로컬 마켓과 중고숍 애용하기. 현지 홈스테이하며 문화와 언어 배우기. 동·식물과 교감하기.

♀ 질문 3. 하던 일, 가던 길을 어떻게 하고 가는가?
김숲 때려치우고 감. 과감히 내려놓고 감.
이나무 (때려치우려다 실패해서) 휴직하고 감.

♀ 질문 4. 재정은 어떻게 충당하는가?
김숲&이나무 싼쓰만만세 정신(p.14 참고), 최대절약을 기본으로 함. 최소한의 소비, 최소한의 소유로 자발적 미니멀리즘과 우아한 가난을 추구함.
김숲 적금통장 해지. 디지털 노마드 일거리로 원격 근무 수입원 마련. 중고나라 및 지인에게 물건 팔아서. 추가 알바.
이나무 차 팔아서. 아주 소액의 저축.

♀ 질문 5. 같이 가는 친구는 어떤 사람인가?
김숲 이나무는 야무지게 할 말함. 극강의 디테일한 성격으로 궁금한 건 못 참음. 탁월한 정보 전달과 문제 해결의 능력을 지님. 누구에게든 곧장 전화 문의가 가능하고, 유선은 물론이거니와 직접 문의에도 능통함(Not English But Korean ONLY). 원하는 것은 특유의 집요함으로 기필코 얻어내는 친구.

이나무 숲은 너무 착해서 힘든 스타일. 의외로 고집이 세고 행복해하고 만족하는 것에 서툴어 함. 소심하고 걱정 많은 겁보이지만 아이디어 뱅크인 인재. 넘어지고 실패해도 천만번 일어나는 오뚝이 근성 탑재. 선한 영향력의 소유자.

♀ 질문 6. 결단의 결정적 계기는 무엇인가?
김숲&이나무 우리는 곧이곧대로 정직하게 살아온 젊은이. 부조리와 불공정함과 '혈연·학연·지연' 비리 판치기를 목격하고 직·간접적으로 당해 상처받고 만신창이가 된 영혼들. 맨몸으로 내 영혼정화와 살길 도모를 위해, 여러 가능성을 진지하게 타진하려 자율연수 기획. 공정과 신뢰가 지구상에 과연 존재하는지 목격하려 한다. 교과서에서만 찾을 수 있다면 '공정과 신뢰' 따위에 대한 기대를 과감히 포기하겠다. 진정성을 꿈꾸는 아직은 꽤 순진한 타입:) 어쩌겠나, 이게 우린걸.

♡ 질문 1. 준비과정은 어땠는가?
김숲&이나무 매주 주말, 일주일에 한 번씩 만나 막연하게 얘기만 해왔던 영혼정화 연수를 점차 구체적으로 기획해왔다. 옐로스톤을 다녀온 후부터 시작된 우리의 주간 기획 회의는 지금까지 약 2년에 이르고 있다. 수많은 이야기를 나누다 보니 자연친화적 가치관을 갖고 미니멀하게 살고 싶은 소망이 각자의 내면에 자리하고 있음을 발견했다. 그 삶을 시도해보려고 관련 자료와 정보를 찾은 것이 영혼연수로 기획으로 이어졌다. 싼쓰 만만세 정신을 바탕으로 쉥겐과 비쉥겐 국가(쉥겐조약; 유럽연합(EU) 회원국 간 무비자 통행을 규정한 국경 개방 조약)를 넘나드는 1년의 영혼연수를 구체적으로 기획하게 됨. 마침내 어설프나마 기획안이 완성되었고 이제 실행만이 남았다.

《아래 내용은 그간의 기획 회의와 시도의 역사다.》
옐로스톤을 다녀온 후 국립공원 자원봉사에 지원하려고 준비. 관련 전공 여부, 경험 부족으로 자격조건이 불충분하였음. 조건을 충족시키고자 여러 방법을 찾음(산림치유지도사, 디지털대학교 관련 전공 재수 도전

끝에 입학, 덕분에 학자금 대출 추가요!). 영어공부 스터디 시작. 35세 안에 영혼정화연수를 실행하기로 함!

2차 대자연 기행으로 핀란드 여행 추진. 그 경험이 마음에 불을 질러 영혼연수 실행 시작을 앞당기게 됨. 장기체류를 위한 비자 종류를 물색. 워킹 홀리데이는 나이 제한으로 불가능. 신설된 비자 제도 찾음(시즈널 워킹 비자). 비자 승인 신청을 받기 위해 시즈널 일자리 탐색. 국내에서 취업 지원서를 보냄(사과농장, 버섯따기, 음식포장 등). 응답을 받지 못함(무모했던 것이 사실). 약간의 실망을 했지만 경험으로 여기고 다시 갈 방법을 찾기로 함. 핀란드 대사관에 시즈널 취업 전화 문의. 도움이 될만한 사람들에게 메일 발송(핀란드 관련 서적의 작가, 핀란드에 살고 있는 유튜버 등). 별 소득은 없었음.

다시 실망. 막대한 경비(특히 숙박)를 감당할 방법을 찾아보기로 함. 문화교류 및 공유숙소 시스템을 찾음(워크어웨이, 하우스 펫시터 등). 경비를 최소할 방안과 비자 기간 문제를 어느 정도 해결할 방법을 마련. 하던 일을 정리하던 과정에서 괴로움과 계획 변경의 위기들이 이어졌지만(떠나기 전 지금도 '코로나19'의로 어려움에 봉착한 상태) 의지를 꺾지 않음.

❦ 질문 8. 장애물은 어떤 것들이 있는가?

김숲&이나무 손에 쥔 것을 놓지 못해 갈등했던 내 자신. 후회에 대한 두려움. 해보지 않은 것을 시도하는 것에 대한 두려움. 타인의 시선에 대한 부담(부모님 포함). 재정적 문제. 서른이 넘은 나이. 효도에 대한 의무감. 극도의 쫄보 근성. 느림. 지나친 꼼꼼함. 걱정이 많은 성격. 예민하고 기복이 심한 감정. 탄탄하지 못한 자아. 퇴사문제. 주변 사람들의 만류와 실패 속단. 예기치 못한 불운. 방법을 찾기 위해 노력하고 시도한 것들이 실패로 돌아간 경험들과 좌절. 그리고... '코로나19'로 시작부터 제동이 걸리게 된 위기 :<

❦ 질문 9. 용기와 영감 그리고 도움을 준 사람들은?

김숲&이나무 온라인 또는 오프라인(블로그, 다큐멘터리, 북토크, 동네 서점 등)에서 만난 자유롭고 용감하게 사는 사람들. 작업공간이 없어 동네 카페를 전전하며 진상처럼 오래 머물렀던 우리에게 넓은 아량으로 친절을 베풀어주신 사장님. 우리의 영혼연수 기획을 멋있다고 응원하고 지지해준 '소수의' 주변인들. 착한 가격으로 'Green University'의 질 좋은 굿즈를 제작할 수 있게 해준 업체들. 지금 이 글을 쓸 수 있게 해준 '내 책마련(B-lab)패밀리'. 이런 모든 생각을 한 나 자신.

숱한 실패에도 결국엔 털고 일어나 불굴의 오뚝이 정신으로 용기를 내고 있는 김숲&이나무 ★

❀ 질문 10. 잊지 말아야 할 약속과 다짐은 무엇인가?
김숲&이나무 하루 5개 감사한 일 기록(감사일기). 감사한 순간에 "진짜 감사하다!"라고 육성으로 외치기. 현재에 만족하지 못하고 과거에 미련을 두게 되는 순간마다 미화되고 망각된 기억을 상기하며 영혼연수의 취지 잊지 않기. 우리가 기획했던 일들을 대부분 실행하고 돌아오기. 기분이 상해서 싸우기 직전의 감정이 되었을 때 수행할 미션을 정할 것. 마음이 불편한 분위기가 되면 떡볶이 먹으면서 허심탄회하게 대화하기(식욕 세포 자극>_<).
영혼연수를 시작으로 삶을 주도적으로 살 수 있도록 서로 지지와 격려를 나누기. '공동 성장체'이자 '융합형 인재'로서 윈윈(win-win)하기. 서로 이해하고 믿을 수 있는 친구임을 기억할 것(if not, live alone!).

🌱 질문 11. 이것만은 꼭! 얻어서 오리라.

김숲&이나무   Love myself! ♥

🌲 초록이 땡기는 이유

김
슌

회색 빛 마음공장

내가 지나치게 자아를 의식하게 된 건 열세 살 즈음이었던 것 같다. 틈만 나면 교실 창밖을 보며 우울한 감상에 자주 빠져들곤 했다. 그 맘 때의 또래들에게 흔히 나타나는 증상이었을까. 그렇다기엔 내 기억 속 친구들은 무척이나 발랄하기만 했다.

꽤 긴 시간을 지나왔다. 30대의 나는 관찰자의 시선으로 그 시절을 바라본다. 세기말 시끌벅적 떠들썩한 초등학교 교실 한 켠에 혼자 회색 얼굴을 하고 앉은 단정한 한 아이가 보인다. 지금의 내가 그때 그 아이와 다르다는 생각은 착각임을 알아차리고 흠칫 놀랐다.

유난히 어두웠던 그 어린이를 나는 지독하게 혐오하고 비난했다. 더는 따라오지 말라고 따돌리고 싶었다. 여러 해가 흐르는 동안 결정적인 순간마다 가버린 줄 알았던 그 꼬마는 내 앞에 다시 찾아왔다. 조금도 멀어지지 않고 등 뒤에 숨어 졸졸 따라왔다. 내 자의식의 출발은 처음부터 자신에게 버림받은 채로 시작해 지금까지 왔다.

✧

특별히 지독하게 불행한 일은 없었다. 대개 많은 날들이 이유 없이 슬펐다. 슬픔을 감추기 위해 슬프지 않은 척 연기를 했다. 이유를 몰라 슬퍼하는 내가 미웠다.

그렇게 나를 미워하는 일이 자연스러운 삶의 습관이 되었다.

자신을 몰아붙이는 삶은 지쳐가는지도 모르고 지친다. 나 자신과 매 순간 전투를 벌이고 있는 내면. 또 그런 내면을 사람들에게 들키지 않으려 포장하는 마음 공장이 끝없이 가동되었다. 나의 적이 내가 되자 마음에는 자꾸만 구멍이 커졌다. 결핍된 공간을 타인의 사랑과 인정으로 채워보려 했다. 그 노력이 결국 상처로 돌아오는 일은 반복되었다.

"사람들이 네가 너 자신을 사랑하지 않는 걸 아는 것 같아."

사람들에게 또 상처받고 돌아온 어느 날, 이나무가 나에게 한 말이 마음에 꽂혔다. 슬픔을 숨기지 않고 보여줄 수 있고 나의 결핍을 몹쓸 방식으로 이용하지 않을 어쩌면 유일한 친구다.

✧

일반적으로 건강하지 않은 자기애는 타인에게 불편을 주면서까지 자기의 이익을 챙기는 모습을 하고 있다. 의식하지도, 의도하지도 않았지만 자연스럽게 타인을 이용하고 착취하는 것이다. 나는 그런 사람들에게 좋은 먹잇감이 되어 주었다. 나 역시도 뭔가를 요구하는 그들에게 만족을 주고 애정을 얻으리란 심산이 있었으니 슬프지만 합이 잘 맞는 조합이 된 것이다.

나를 돌보는 일보다 타인을 돌보는 일에 더 익숙했다. 점점 타인의 일이 내 일보다 우선이 되고, 인정과 애정이라는 보상이 돌아오지 않으면 분노했다. 타인을 돌보며 그들이 던져주는 애정으로 마음의 구멍을 채우려고 했던 것은 실패하는 일이 더 잦았다. 아니 거의 대부분이었다.

쓰기 좋은 사람으로 대하는 사람들이 더 많았고 쓰다 버려진 것 같은 기분이 드는 날에는 나를 미워하는 나 자신이 쾌재를 부르며 마음을 장악했다. 더더욱 쓰레기 같은 감정으로 나를 끌어내리며 상처받은 자신에게 더 큰 상처를 냈다. 마음이란 기계는 견디지 못하고 과열과 소진을 지나 이내 멈춰버렸다.

윤동주의 시 『병원』을 때때로 꺼내 읽었다.

"나도 모를 아픔을 오래 참다 처음으로 이곳에 찾아왔다. 그러나 나의 늙은 의사는 젊은이의 병을 모른다. 나한테는 병이 없다고 한다.
이 지나친 시련, 이 지나친 피로,
나는 성내서는 안 된다."

쫓아낼 수 없는 슬픔과 아픔을 남보다 좀 더 타고 나는 사람이 있는지 모른다. 체질이 아닌 유쾌 발랄한 성향이 되지 못해 안달해왔던 나를 위로한다. 남보다 좀 더 슬픈 게 내 설정값이라면 뭐 기꺼이 사랑해주련다. '네 운명을 사랑하라(Amor fati)' 하지 않았던가. 회색빛 마음 공장에 초록의 숨결을 이따금씩 불어넣어 끝까지 소생해보기로, 그렇게 연명해 가는 걸로 해보자 싶다. ♣

"네 운명을 사랑하라(Amor fati)"

🌲 핀란드 우르호케코넨 숲의 안내판

🌲 숲에 별장을 둔 주민들이 머무는 동안 우편을 받을 수 있는 우체통

🌲 숲 속에 있는 야생화들에 대한 소개

김
눈

어깨에서 소리가 난다

떠올려보면 공교육 시스템에 진입하며 거의 모든 날들을 책상에 앉아 보냈다. 어지간히 모범생 틀을 유지하느라 너무 각을 잡고 살았다. 12년 꼬박 개근. 지각도 야자 땡땡이도 없는 착실한 인간. 학교뿐 아니라 부모님과 함께 사는 집에서 조차도 긴장을 풀지 않고 잔소리 할 것 없는 바른 생활 딸래미. 그게 나다.

거실 소파에 누워 티비를 보다가도 부모님이 오시는 소리가 나면 얼른 끄고 설거지를 했다. 엄마, 아빠 친딸 맞다(구태여 물어본 적은 없지만). 근데 나는 스스로 눈칫밥을 자처했다. 대한민국 공교육 모범생은 자유가 주어지는 대학에 가서도 매 학기 학점을 꽉꽉 채워 들으며 완벽한 학점을 받으려 용을 썼다. 그게 맞는 줄 알았다. 지금도 여전히 빡빡하게 나를 몰아붙이는 것이 삶의 습성이 되어있다.

시스템 교육에 스스로를 끼워 맞춰온 나는 대학 졸업 후 시스템, 즉 소속감이 없는 홀로가 되며 멘탈의 새로운 국면을 맞이했다. 뭘 해야 할지 몰랐다. 해야 할 것을 알려주고 그걸 무리 없이 해내면 다 잘 될거라는 막연한 방식을 믿고 있던 나는 다 잘해왔음에도 결국 원하는 것이 뭔지 몰랐다.

한심하게 보이는 것이 세상에서 가장 두려웠기에 황급히 다시 또 책상에 앉았다. 그렇게 누구나 한번 쯤은 시도해 본다는 공무원 고시 공부를 시작했다. 실패하고 실패했다. 그리고 깊은 우울이 찾아왔다. 그 실패가 우울의 단편적인 이유는 아니다. 어쨌든 그 후로 나는 많이 무너졌다.

◆

 '한심한 우울 생활'에서 벗어나기 위해 꾸역꾸역 할 수 있는 일을 무작정 했다. 살아야 해서였다. 살고 싶어서였다. 우울에 빠지면 동기를 갖고 미래를 설계하는 일 따위는 해지지가 않는다. 나는 어둠에 갇혀있는 나를 사정 봐주지 않고 끌고 나와 사람들 속으로 던져넣었다. 대체로 책상에 앉아 또 뭔가를 작성하고 보고하는 일들을 했다. 그렇게 나는 내 몸을 일터와 사람들 속에 밀어 넣으며 멀쩡한 일상을 연기했다.
 규칙적인 생활로 약간 정신이 돌아왔을 때 쯤 마음에 대한 공부를 해 보기로 결심했다. 전공했던 것과 완전히 다른 공부였다. 처음으로 내가 선택한 하고 싶은 공부를 한다는 점에서 지금까지 의무감에 억지로 해 온 것과는 다른 의미의 시작이자 용기였다.
 다시 또 책상에 앉았다. 대학원에 진학했고 나이

먹고 한심하지 않기 위해 장학금을 받으려 고군분투했다. 아침 9시 출근. 밤 10시 퇴근. 눈치 봐가며 틈틈이 알바.

마음에 대한 이론을 알아가는 건 흥미가 있었다. 어렵게 다시 시작한 공부를 제대로 해보고 싶다는 열의, 한번 하면 뭐든 열심히 하고야 마는 내 성향, 도움받지 않고 스스로 학비와 생활비를 최대한 충당하겠다는 의지에 더해 선후배, 동기, 교수님과 진심을 나누며 지내고자 헌신하는 태도, 언젠가는 나처럼 한때(아니, 사는 동안 자주) 깊은 마음의 골짜기에 홀로 주저앉은 사람들에게 도움을 주고 싶다는 갈망 등 그 모든 것들이 내 어깨 위에 내려앉았다.

지금껏 나는 나의 경직을 알아채지 못했다. 실패로 여기며 낭비한 시간을 만회하기 위해 열심히 살았다. 그러다 마침내 어깨에서 소리가 났다. 우두둑! 연이어 좌측우측 전두엽 언저리에 흰머리도 났다. 가끔 심장도 찌릿하게 조였다. 무엇보다 충격이었던 건, 검게 착색되어 있는 엉덩이였다. (샤워를 하면서 거울로 엉밑살을 한번 살펴보길 바란다. 어쩌면 당신도!?)

그런데도 나는 살아온 방식을 쉬이 놓지 못했다. 경직된 청춘을 불행하게 느껴왔지만 어떻게 다르게 살아야 할지를 몰랐다. 답을 모르니 다수의 사람들이 쫓는 방식을 그대로 쫓게 되었다.

스칸디나비아에는 '레밍(lemming)'이라는 쥐가 있다. 절벽에서 추락해 집단 자살을 하는 것으로 유명하다. 어느 날 한 마리의 레밍이 무작정 뛰기 시작한다. 그 모습을 본 다른 레밍들도 영문을 모른 채 일단 그 방향으로 같이 따라 뛴다. 이유는 다른 레밍들도 뛰기 때문이다. 그러다 눈앞의 절벽에 다다르지만 뛰던 걸음을 멈추지 못하고 모두 절벽 아래로 추락하고 만다. 특별한 이유없이 무작정 다수를 따라 행동하는 것, 이것이 레밍효과다.

나도 그랬다. 내가 따르고 있는 방식이 나를 불행하게 했지만 어쩔 도리가 없다고 생각했다. 틀이 주어진 대로 거기에 맞추는 것이 하기 싫고 행복하지 않아도 가장 편한 방법이었기 때문이다. 인정받지 못하거나 스스로 성과에 만족하지 못하면 지나치게 스트레스를 받았다. 더 열심히 더 잘하라고! 더 많은 성과를 내고 더 많은 돈을 벌 수 있어야 한다고!! 더 자랑스러운 딸이 되고 더 사랑받는 사람이 되라고!!! 더더더!!!

자본지상주의에서 교육받고 자란 사람은 더 가져야 한다는 강박에서 자유롭기 힘들다. 정신적 가치를 중요하게 여기거나 물질과 정신 사이에서 갈등하는 순간,

현실을 모르는 사람이 된다.

    정신의 풍요를 꿈꿨지만 물질을 얻는 것이 중요하다는 메시지들에 둘러싸여 살았다. 대다수 사람들이 가치를 두는 것들을 가져야 잘 사는 삶이라는. 그런 기준들을 쫓아가지 않으면 안 될 것 같은 불안에 시달렸다. 힘이 쭉 빠졌다. 멈추라는 몸의 신호들이 거세지면서 나는 사람들이 쫓는 것을 쫓아갈 에너지마저 더는 없게 되었다.

    멈추어 고개를 조금만 돌려보니 씩씩한 사람들도 꽤나 많았다. 다수의 길, 탄탄한 구조 속에 편승하지 않고 힘들어도 자신의 길을 당당하게 걷는 사람들이 다행히 몇은 있었다.

    "그래, 유연해질 필요가 있어. 스스로 이고 진 어깨 짐을 하나둘 내려놓고 가볍게 가볍게 덩실덩실 웨이브를 타는 그날까지 내 삶에 윤활유를 붓자." 🌲

김
훈

사람을 믿었더냐

언젠가부터 나는 무엇이 진실인지 거짓인지를 구분하기가 힘들어졌다. 정확히 말하자면, 그 동안은 대부분의 것들을 진실로 믿는 순진성 탓에 굳이 진실과 거짓을 가려내는 작업 자체를 하지 않고 살았다는게 맞겠다.

나는 사람을 잘 믿는다. 나도 내가 그런 줄은 몰랐다. 나름대로 사람을 가리고 경계하고 의심하며 산다고 생각했다. 내가 믿는 사람들은 믿어도 될 만큼 꽤 오랜 시간을 통해 검증했다고 자신했다. 열 길 물속은 알아도 한 길 사람 속은 모르는 것인데 말이다.

누군가를 믿어도 될지에 대한 객관적인 지표는 없다. 그저 주관적 느낌과 쌓아온 시간, 상호작용의 무게, 그것들이 기댈 수 있는 진정성의 증거가 될 뿐이다. 내 감을 지나치게 믿었다. 신뢰하고 좋아했던 사람들로부터 몇 번의 배신을 경험하고 꽤 고된 생채기를 여러 번 했음에도 불구하고 나는 그 일을 차츰 잊는다. 망각한다. 또 사람을 믿고 정을 준다. 사람에게 큰 상처를 입고 그를 잃을 때마다 자신을 탓했다. 내가 또 너무 기대했다고. 상대방은 원하지 않았는데 나만큼은 아니었는데 내가 지나쳤던 거라고...

내가 느끼기에 상대방이 좋은 사람이라는 확신이 들면 나도 모르는 사이 봉인해제가 일어난다. 고민, 가치관 그리고 일상도 자연스레 풀어놓게 된다. 상대도 그렇게 하고 있다고 느끼기 때문이다. 일부러 억지로 만들어가지 않아도 상대에 대한 신뢰는 조금씩 내 속에 자란다. 조금 손해보고 무리가 되어도 할 수 있는 선에서 나름 최선을 다해 그를 배려하고 (이나무의 말을 빌리자면) 다 퍼준다. 시간, 에너지, 물질, 마음까지도.

✦

 원하는 것을 쏙 빼 먹고 내빼는 단순히 이기적 이기만 한 인간들은 양반이다. 사람은 누구나 어느 정도 이기적이니까. 자기 안위가 세상 그 무엇보다 지나치게 최우선인 사람들은 피하면 그만이었다. 더 소름 돋는 것은 천사같은 껍데기 뒤에 숨겨진 탐욕과 치밀하게 짜여진 장기 플랜의 거짓이었다. 자본주의 기득권의 빅 픽쳐(big picture)랄까.

 사기꾼이나 흉악범 같은 특정 소수의 몇몇을 제외하고 보통 사람들의 말과 행동에는 그다지 큰 거짓 같은 건 없다고 생각했다. 저 사람이 보여주는 모습이 진실일까라는 의심의 필요를 느끼지 못했다. 보여지는 그대로를 믿고 안심했다.

 뉴스에서는 훌륭한 사회적 지위와 언사 뒤에 가려진 아무개들의 추악한 면들, 권력형 비리 등이 끝도 없이 보도된다. 그것이 진실인지, 조작된 거짓인지에 대한 공방에 혼란이 더해진다. 누구의 편에 서고 싶은 생각도 없거니와 진실이 무엇인지 알고 싶지도 않은 지경이다. 어차피 진실은 절대 알 수 없고 알려줄 사람도 없으며 각자 믿고 싶은 대로 믿는 것 외에는 달리 방도가 없어 보인다. 진실과 거짓을 구별할 수 없는 사안들로 유난히 오래 싸우며 지켜보는 사람들의 마음까지 쑥대밭을 만든다. 사람과 사건의 모양새만 바뀔 뿐 같은 맥락의 일들은 끝없이 반복해서 일어난다.

✦

헷갈린다. 훌륭한 사상가들도, 여러 종교에서도 말한다. 타인을 미워하지 말고 신뢰하라고. 근본적으로 나는 사랑, 신뢰, 정직, 친절과 같은 고리타분하게 느껴지지만 지혜로운 가치들이 결국엔 진리고 추구해야 하는 방향이라고 생각한다. 사람들 때문에 마음이 다쳐도 의도적인 것이 아닐 것이라고 믿곤했다. 사실일까 두려워 차마 확인하지 못하고 가슴앓이하는 편을 택하기도 했다. 상대를 미워하면 도리어 죄를 짓는 것이 될까봐 맘 편히 미워하지도 못했다. 몇 날 며칠, 길게는 몇 달을 지나친 죄책감에 시달리며 상처 준 사람은 잘 먹고 잘 사는데 나만 길고도 깊게 아파했다.

사람들은 때로 자기의 이익을 위해 타인을 이용할

수도 있고 그 사람이 내가 믿었던 사람일 수도 있다는 뼈아픈 사실을 받아들여야 했다. 또 그가 그런 일을 저지르더라도 본인은 청렴하다고 착각하며 진심으로 떳떳하게 굴 수도 있다는 것도 받아들여야 했다. 어제의 동지가 내일은 나를 저격하는 저격수가 되기도 하고 결국 마음이 무너지는 쪽은 내가 될 수 있다.

사람을 좋아하지만 너무 무방비로 다 마음을 줄 수는 없게 되었다. 슬픈 일이다. 나를 지키고 보호해야 하기 때문이다. 내가 경계하고 있다는 것을 들키지 않으면서 너무 다정하지도 않게 너무 차갑지도 않게, 어느 정도 믿어도 좋을 사람일지를 정한다. 어렵고도 힘든 일... 어쩌다 이렇게까지 해야 하는 것이 돼 버린 걸까. 누군가의 매운 조언처럼 정말 사람은 믿으면 안되는 걸까? 🌲

"자본주의 기득권의 빅 픽쳐(big picture)랄까"

🌲 헬싱키 시민공원에 조성된 반려동물 묘지.
묘비마다 함께한 반려동물들의 이름과 좋아하는 음식, 추억 등이 새겨져 있었다. 좋아했던 장난감도 소품처럼 놓여있었다. 가족과 함께했던 반려동물들이 한 곳에 묻혀 추억되는 것이 뭉클한 감동을 주었다.

김훈

입 없는 지각 이상자

병이 많다. 몰랐는데 깊다. 대표적으로 나에게는 '잘못된 걸 잘못됐다고 말하지 못하는 병'이 있다. 규칙을 배우면 언제나 지키는 쪽이 속 편했다. 빨간 불에는 멈추고 초록 불에는 건넌다. 쓰레기는 길에 버리지 않는다. 앉은 자리는 되도록 말끔하게 정리하고 떠난다. 만나는 사람에게는 웃으며 인사한다 등등. 뭐 유치원과 초등학교 때 다 배우는 규칙들이다. 그래서 배운 대로 따르며 살았다. 대충 따져 생각해도 지키면 득이 되지 해가 되는 규칙들은 아니기 때문이다.

✦

사람들은 나를 자주 답답이로 여겼다. 반대로 나는 공중도덕과 상도를 어기는 사람들을 보면 화가 났다. 나는 답답이고 자기들은 융통성이 있단다. 내가 옳고 상대는 틀렸다는 인식이 분노감을 만든다고 한다. 그래서 반성하기도 했다. 그래, 내가 옳다는 인식에서 비롯되는 화는 자만의 표현일테다. 무엇이 정의인지 윤리인지 기준은 애초에 없는지 모른다. 상황과 입장에 따라 변하는 게 정의고 윤리인 광경이 많이 목격되니까. 어쨌든 나는 내 기준에서 잘못됐다 싶은 일에 화가 나는 타입이다. 비겁한 건지 어떤 건지 속에서 끓는 화를 분출하지는 못해서 끙끙 앓는다.

내가 '그건 아니지 않나' 싶고 이내 분노하게 되는 것은 이런 경우다. 사소하게는 쓰레기 투기, 노상방뇨, 고성방가 같은 것들. 뭐 흔하고도 귀여울 지경의 일들이다. 도덕을 못 배웠나보다 하면 된다. 몇 살이냐, 결혼은 했냐, 아이는 안 낳을 거냐, 어느 대학 나왔냐, 직업은 뭐냐, 얼마 버냐... 남의 인생에 무리한 간섭도 반갑지 않다. 무례한 질문과 평가에 당황하는 상대의 반응을 즐기는 게 아니라면 왜 굳이 그런 식의 말로 폭격을 날리는지 화가 난다. 무엇보다 대격노하는 것은 양심없는 행동과 갑질로 상대를 짓밟고도 자기 행동을 정당화하는 뻔뻔함이다.

✦

일을 하고 대학원이라는 곳에서 학업을 하면서 운이 나빴던 것인지 나는 그런 사람들을 많이 만났다. 처음으로 아르바이트를 했던 사설 어린이집에서는 굉장한 원비를 학부모들에게 받으면서 실상은 허술하기 짝이 없는 교육, 아니 교육이라고 할 것도 없는 것을 아이들에게 제공했다. 간식도 부실하고 식사도 부실했다. 외국에서 온 교구로 아이들의 발달 수준에 맞게 수업을 한다고 포장하며 학부모들을 현혹시켰다. 원생 유치는 곧 돈이었다. 부부 원장은 자신들의 아이가 초등학교에 갈 때 기가 죽으면 안된다며 입학식에 타고 갈 외제차를 샀다. 그리고 내 마지막 월급은 떼먹었다.

어학원에서 강사로도 일을 했다. 나는 강사로 고용됐지만 틈만나면 길에서 수강생을 늘리기 위한 홍보 전단지를 돌려야 했다. 원장은 자존심 때문인지 본인은 직접 전단지를 나눠주지 않고 먼 발치에서 내가 전단지를 잘 돌리는지 감시했다. 나중에 학원으로 복귀하면 왜 적극적으로 전단을 나눠주지 못하냐며, 그렇게 부끄럼을 타고 적극적이지 못해서는 사회에서 성공하지 못한다며 호통을 쳤다.

어두컴컴하고 걸레가 널려있는 탕비실에서 급한 저녁 도시락을 먹으며 소공녀가 된 기분으로 버텼다. 함께 일하던 다른 동료 선생님들이 하나 둘 그만두자 혼자 수업을 도맡게 되었다. 월급은 10만원이 올랐다. 대학원에 진학하며 일을 그만두게 되었을 때, '우리 학원이 정거장이냐. 앞으로 인생이 장밋빛 일 줄 아냐'는 저주 섞인 말을 들으며 나왔다. 나는 고개 숙인 죄인처럼 아무 반격도 하지 못했다.

◆

대학원에서 마음에 대해 공부하며 거기서 만난 사람들에게 대책없이 마음을 열었다. 학업의 이유만큼이나 사람들을 통한 치유와 성장을 바랐다. 꽃길은 없었다. '결국 잘 먹고 잘 사는 일, 내 앞길을 쟁취하는 일이 일생일대 가장 중요한 사람들'이 다수라는 걸 애석하게도 뼈아프게 절감했다. 헌신은 착취를 낳고 믿음은 기만을 낳았다.

풀타임 대학원생에게는 열정페이도 없다. 열정페이에는 페이라도 있지, 노페이는 당연하고 거기에 불만 표출은 권위에 대한 도전이 돼 버린다. 학위가 볼모다. 모두가 본인이 가장 덜 손해보고 덜 일하며, 더 인정받고 더 예쁨받는 일을 찾느라 각자 바쁘다. 치유와 성장은 커녕 학문을 탐구하는 것 조차도 점차 힘들어진다. 공공 연구비는 연구를 위해서만 쓰이는 것도 아니었다. 본 것은 많고 할 말은 많지만 참아야 했다. '잘못된 것을 잘못됐다 말하지 못하는 병'은 점점 병세가 악화됐다.

✦

권위의식에 절어있는 사람은 자신이 얼마나 타인에게 괴로움을 주는지 모른다. 입으로는 정의와 공정, 사랑과 배려를 말하지만 행동은 그 반대다. 누구도 감히 직언하지 못한다. 그들은 착각에 산다. "어디 나 만한 윗사람이 있는 줄 아냐. 내가 너희를 얼마나 배려하는지 아느냐" 라고 말하면서.

주변에도 많겠지만 뉴스를 보면 그런 사람들 참 많다. 언행불일치, 내로남불의 아이콘들. 남의 허물은 누구보다 잘 지적하면서 내가 봤을 땐 본인도 똑같은데(더하면 더했지 덜 하지는 않는데) 그건 모른다.

대체로 승승장구해서 한 자리 차지하고 있는 기성세대 일부 사람들이 보이는 갑질 양상이다. 또 그 사람을 부모로 둔 또래의 일부는 안타깝게도 그들을 똑 닮는다. 금수저, 아빠찬스 뭐 그런거다. 누가봐도 합리적인 추측이 가능한 불합리한 진학, 취업, 인사이지만 뭐 아니란다. 본인들은 절대 아니란다. 증거있냐고 잡아뗀다.

멀리서 벌어지는 일만은 아닌 것. 뉴스에서 보도되는 일들을 다른 세계의 일로만 생각했다. 오랫동안 믿었던 사람이 아빠찬스(로 의심되나 본인은 아니라 함)로 한자리 차지하는 걸 보고 정말 큰 충격과 깊은 상처를 입었다. 신뢰가 깊었고, 애정이 깊었던 만큼 많이 괴로웠다. 어떤 말도 하지 못했다. 잘못된 걸 잘못됐다 말하지 못하는 병으로 시름시름 앓았다. 표현하지 못한 분노는 다른 방식의 감정으로 치환된다. 우울과 무력감이다. 내 분노를 공감하지 못하고 힘과 돈이 있으면 그럴 수도 있다고 말하는 사람들 때문에 나는 입을 닫았다. 활기를 잃은 나는 어느 순간 사람들에게

'지각이 이상한 사람'이 되어있었다. 입 없는 지각 이상자.

같은 시기 뉴스에서는 연일 비슷한 일들이 보도되었다. 그들의 부정으로 내가 왜 박탈감을 느껴야 하는지, 분노를 느껴야 하는지 화가 치솟는 날들이 계속되었다. 공정과 청렴을 슬로건으로 내 걸어야 할 만큼 힘과 돈으로 과정 없는 결과도 만들어 낼 수 있는 사회. 잘못된 것을 잘못됐다고 말하는 것조차 두려워해야 하는 사회. 내가 주관적으로 느끼는 우리사회는 사실 아직 그렇다.

✦

신뢰와 공정을 바라는 것이 이룰 수 없는 꿈같이 어리석은 욕심이라면 너무 슬픈 일이다. 나는 그들의 힘과 돈 놀이에 찍소리 않고 기만당하려 태어난 게 아니다. "지각 참 이상해. 지나치게 과민해"라고 말한다 해도 나는 그냥 그게 화가나는 사람이다. 돈과 힘으로 손쉽게 타인의 인생을 짓누르는 사람들과 타협해서 떨어지는 콩고물이나 얻어먹고 기생하긴 죽어도 싫은 걸.

부패 스토리를 주변 사람들에게 토로할 때마다 가장 많이 들었던 말들은 "어쩌겠어. 세상이 원래 그래.

그러려니 하고 살아야지", "다른 나라라고 별 수 있겠니? 사람 사는데 다 똑같지. 우리만 그렇겠어?", "억울하면 출세해야지." 등 이었다.

　세상을 아름답게 보고 싶은 바람이 나를 더 다치게 만들었다. 어떻게 살아야 할까. 다시 출구없는 고민이 시작되었다. 세상도, 사람도 아름답게 바라보고 싶은 건 내 욕심인지도 모르겠다. ♣

김
훈

프로 환경흡수자

부정적인 것과 마주치면 금세 극도로 부정적인 모드가 된다. 다행인 것은 긍정적인 것을 만나면 또 세상이 그렇게 아름답다. 환경의 영향을 많이 받는다. 프로급으로 환경이 주는 영향력을 쫙쫙 흡수한다. 감정 기복이 널을 뛴다.

안타깝게도 긍정보다는 부정이 더 익숙하고 친근하다. 가만히 의식하지 않고 있으면 들어오는 자극은 사실 부정적인 것들이 더 많다. 부정성 효과(negative effect), 좋은 것보다는 나쁜 것에 더 주의를 두게 되는 인간의 심리가 있단다. 진화론적으로 부정적 정보에 더 비중을 두어야 위험에 더 잘 대비할 수 있기 때문이라니 내 탓은, 또 나만 그런 건 아닌걸로(하고 싶다).

살면서 그런 취지의 말들을 무수히 듣는다. '환경을 탓하지 말라. 매사 긍정적으로 생각해라.' 지당한 말씀이지만 그 지당함으로 인한 화살은 나에게로 돌아간다. 환경에 휘둘리는 나. 환경을 극복 못하는 나. 매사 부정적인 나!

✦

남들에 비해 온갖 자극을 부정적으로 해석하는 나라고 어느 정도 인정한다. 이런 나에게도 긍정이 샘솟을 때가 있다. 바로 '자연'을 만날 때다.

도시에 살기 때문에 일상에서 자연을 접하는 일은 거의 없다고 봐야한다. 일단 눈을 딱 뜨면 보이는 건 '건물'이다. 다닥다닥 붙은 건물들, 그 사이로 들어찬 자동차들, 시끌벅적한 사람들로 붐비는 숨 막히는 공간들...

거기에 소음이 더한다. 매일 지치지도 않고 "누구를 지지합시다. 누구를 몰아냅시다"라는 목소리가 거리에 울리고, "ㅇㅇ믿고 천당 갑시다. ㅇㅇ천국 불신지옥", "집에 병원비가 없어 죽어가는 아이가 있습니다. 100원이라도 도와주세요(심지어 위협적인 태도로)."

매일 해골을 번잡하게 하는 이 속에서 긍정적인 기분을 자연스럽게 느끼기란 일단 나로서는 힘들다. 그 환경이 내 일상이다. 불행은 도처에 있지만 행복은 찾아내야 한단다. 행복도 노오력이라니.

✦

나의 행복 수혈처 중 하나가 자연이라는 것을 알았다. 안타깝게도 자연은 약간의 시간을 내어 일부러 찾아 나서야 한다. 내가 생활하는 반경 밖으로 벗어나야 그나마의 고요를 만날 수 있다. 내가 사는 집, 이동하는 거리, 머무는 공간들 사이사이에는 충분한 상쾌함과 여유를 주는 자연은 만날 수 없다. 하늘은 뿌옇고 가로수 나무들은 뭔가 애잔하다. 고양이들은 불쌍하고 비둘기에게는 나도 모르는 사이 혐오의 감정이 자랐다.

"미안하다. 한 때 평화의 상징이라 불리었던 비둘기들아."

✦

내 주변의 자연에는 쓰레기가 많다. 그 숲속까지 누가 갖다버렸는지 폐기물 냉장고도 있고 바퀴 달린 의자도 나뒹군다. 페트병이며 과자 봉지, 담배꽁초들도 나무와 풀숲 사이 군데군데 널부러져 있다. 작은 구멍이란 구멍에는 왜 굳이 애서 거기에다 버렸는지 모를 쓰레기들이 쑤셔 넣어져 있다. 당최 누구보고 치우라는 건지, 버릴꺼면 치우기라도 쉽게 버렸으면 한다. 그런 광경을 볼 때면 이내 가슴이 답답해진다. 맑은 자연이 그리워진다.

자연스레 긍정이 샘솟는 곳에 나를 던져놓으면 내 영혼도 한동안은 깨끗해지려나. 살짝 기대도 해 본다. 환경에 휘둘리는 나란 인간의 특성도 장점으로 한번 발휘해 보련다. 🌲

♣ 담배꽁초의 행렬
새벽에 누군가 버린 생활쓰레기를 비둘기들이 야무지게 쪼아 놓았다.
누가 산에까지 끌고와서 책상 의자를 버렸을까? 정말 미스터리하다.

김
늪

저장 공간이 가득찼습니다,
해골을 비워주세요.

사람은 누구나 생각이 많을까? 단 하루도 나 아닌 다른 사람으로 살아볼 수가 없으니 다른 사람들은 생각의 양이 얼마나 많은지는 잘 모르겠다. 나는 생각을 아니 사색을(그보다는 잡다한 고뇌라 하는 게 더 맞겠다!), 무튼 이런저런 잡념들을 아주 많이 껴안고 산다. 내 주관적으로도 감당이 잘 안될 만큼 많은 생각들을 한다. 생각에서 파생되는 감정들 또한 커서 늘 버겁게 느껴진다.

　오늘은 내 핸드폰에 저장된 메모 앱을 열었다. 항상 최신 메모가 맨 처음 보이도록 정렬을 해 놓는데 문득 과거순 정렬을 해보고 싶어졌다. 4076개의 메모. 그 첫 번째 것의 날짜는 지금으로부터 4년 전이었다.

✦

　하루에도 몇 번이고 많은 생각들로 머릿속이 복잡해지고 덩달아 감정도 가라앉으니 그때마다 해소 방편은 종이에든 여의치 않으면 핸드폰 메모 앱에든 뭔가를 쓰는 것이다. 별건 아니지만 누구에게 보여주기는 좀 그런(?) 정리 안 된 생각과 감정의 조각들을 주절주절 써 놓으면 그냥 그것만으로 약간은 나아진달까.

　문제는 그런 생각과 감정의 편린들이 메모 앱에만도 4천 개가 넘을 만큼 쌓였고 여기저기 조각조각 써놓아 이 노트, 저 노트에 흩어져 있는 것들도 쌓여 조금씩 마음을 짓누른다. 그마저도 강박적으로 언젠가는 정리를 해야만 할 것 같은 느낌에 미뤄놓은 설거지 마냥, 비우지 않아 넘치는 쓰레기통 마냥 가슴이 답답하다.

누가 언젠가 그런 말을 한 적이 있다. 내가 어느 날 갑자기 죽으면 남아있는 기록과 자료들(예를 들어 컴퓨터나 핸드폰의 메모리, 웹 상을 떠도는 글과 사진 등)이 남아있는 게 끔찍이도 싫지 않냐고. 그걸 누가 보기라도 한다면 죽는 것보다 오히려 그게 더 무섭다고. 공감이 된다. 뭐 대단한 비밀을 숨겨놓은 것도 아니건만.

정보가 넘쳐나고 그 정보를 수집, 가공하는 도구들이 다양해지면서 내 몸 밖에는 내 뇌를 구현하고 있는 또 다른 여러 개의 뇌가 생긴 것만 같다. 기계나 웹 같은 가상 공간들에 중구난방 무자비하게 쌓여가는 나의 흔적들을 시간의 무게와 함께 점점 이고 지고 살아가야 하는 것은 문명 시대를 사는 인간들의 숙명인 걸까. 순간의 복잡함은 잠깐의 짧은 끄적임으로 해소되지만 결국 쌓여버린 그 흔적들은 다시 나를 더 복잡하게 만든다. 여차하면 다 비우고 지워버리리란 각오로 작정하고 과거부터 거슬러 메모의 내용들을 쭉 읽어보았다. 도대체 뭘 썼나? 놀랍게도 나는 4년 전이나 지금이나 결국은 같은 맥락의 고민과 바람을 갖고 있었다.

'나를 사랑해주며 내가 즐거운 생활을 하고 싶다. 이러저러한 핑계들로 지금은 그렇게 살지 못하고 있어 괴롭다. 지금의 내가 마음에 들지 않으니 다르게 활기차고 자유롭게 살고 싶다!'

이런 바람들이 매일매일 조금씩은 다른 표현과 사건들로 쓰여 있었다. 아마도 4년보다 더 이전의 기록들도 같았을 것이다. 몇 년이 지나도록 여전히 나는 같은 자리에서 같은 바람만 끌어안고 살아가고 있다.

어느 때는 '그래. 결심했어! 용기를 내자' 따위의 희망에 찬 다짐들을 쓰기도 했지만 결국 같은 자리에서 발을 떼지 못하고 살아가던 그대로의 삶에 떠밀리듯 살며 무력해지는 패턴의 반복이었다.

✦

뮤지컬 엘리자벳의 '나는 나만의 것(Ich gehor nur mir(독일어는 모르지만))'이라는 넘버(뮤지컬에 삽입된 노래는 넘버라고 하더라)를 좋아한다.

"난 싫어. 이런 삶. 새장 속의 새처럼~♪"

주인공 엘리자벳은 이렇게 노래한다. 누군가의 소유물로, 인형으로 살던 삶을 깨고 나가겠노라. 당신들의 세상에 어울리지 않는 내가 이상해 보여도, 위험해 보여도 상관없다고. 이제 내 삶을 원하는 대로 살겠다며 그녀는 힘차게 외친다.

> *"내 인생은 나의 것. 내 주인은 나야.*
> *난 자유를 원해~ 🎵"*

엘리자벳의 당찬 음성은 내 마음을 두드린다. 명쾌하게 말할 순 없지만 늘 뭔가에 속박된 기분이었다. 어쩌면 두려움인지도 모르겠다. 마음속엔 언제나 엘리자벳의 노래처럼 씩씩하게 살아있음을 느끼며 사는 삶을 찾고 싶었다. 걸크러시(girl crush)로 살고 싶었다. 현실의 나는 정박 된 배처럼 있는 자리에서 괴로워하면서도 떠나지 못하는 비겁자였다. 새로운 모험과 나다움을 찾길 원하는 마음이 낯선 위험과 주류와는 다른 궤적으로 살아가는 것에 대한 두려움에 매번 짓눌렸다.

긴 시간 동안 적당한 것으로 포장된 내 삶은 남 보기에는 어떨지 몰라도 진짜 마음에 있는 뭔가를 실현하며 사는 삶과는 점점 멀어지고 있었다. 때마다 메모장을 열어 진통제를 먹듯 조각난 말들을 남몰래 무수히 써댔다. 그렇게라도 스스로를 달래야 할 만큼 나는 겨우겨우 살아지고 있었던 것이다.

✦

꿈을 꾸는 것도 꿈꾸는 대로 살아보려 하는 것도 사치가 아니다. 눈치 볼 일도 죄책감을 느낄 일도 아니다. 제발 머리가 아닌 마음이 키를 단단히 잡아주었으면 한다. 번뇌로 가득 찬 해골(머릿속)을 비워내고, 기상천외까지는 아니더라도 조금이라도 재미있는 이야기들이 내 인생에도 만들어지기를. ♣

저장공간이 가득찼습니다,
해골을 비워주세요

< 저장공간 분석

내장메모리

99% 사용중

과거 미련   19%
미래 걱정   30%
먹고사니즘   30%
남시선신경   20%

이
나
무

제가 좀 느려서요

나는 느리고 게으르다. 대신 꼼꼼하다. 빠르고 정확하기까지 하다면 그야말로 완벽한 사람이라는 소리를 듣겠지만 나는 아니다. 일을 할 때도 먹을 때도 속도를 내게 되면 부작용이 생긴다. 회사를 다녀보니 느린 것이 적어도 한국에서는 꽤 큰 단점이라는 것을 알았다.

급변하는 세상에 살고 있지만 그 속도에 발맞추고 싶지 않다. 너무 많은 양의 다양한 일들이 빡빡하게 나를 둘러쌓고 있는 것이 싫다. 천천히 여유를 가지며 시간을 보낼 때 소소한 행복을 느낀다. 하지만 원래의 내 속도대로 살려고 들면 힘든 점이 이만저만이 아니다. 해야 할 일은 계속해서 쌓여가고 시간은 한정적인데 처리 속도가 늦다 보니 여유를 가지는 만큼 스트레스 지수도 올라간다. 주변과 비교하지 않고 나의 페이스를 유지하는 데만 집중해보려 해도 잘 되지 않는다. 일을 우선적으로 빠르게 해놓고 여유를 갖는 사람들의 모습이 부럽기만 하다. 그런 옆 사람이 신경 쓰이면서도 속도가 나지 않는다. 나는 나에게 묻는다.

"어쩌라고?"

주어진 일만 처리해도 하루가 금방 지나간다. 이렇게 살다가는 나 자신을 위한 시간은 없을 것이란 생각이 들었다. 느리게 일을 처리하는 성향을 바꾸지는 못하면서 여러 가지 하고 싶은 일들도 포기하지 못했다. 소위 워라밸(work & life balance)을 노련하게 유지하여 어느 한쪽으로도 치우치지 않는 멋진 인생을 살기를 바랐다. 일도, 내가 하고 싶은 것들도 다 하려고 노력했지만 미완성의 찝찝함이 지속되어 기분이 유쾌하지 않았다. 과한 욕심이었던 것이다.

나는 잠시 우리보다 느리게 사는 사람들이 있는 세상 속으로 들어 가 보려 한다. 디폴트가 '천천히, 느리게'인 곳으로. 모두가 천천히 살면 속도로 경쟁하거나 자신을 비하하지 않아도 된다. 백문이 불여일견이라 했던가. '빨리빨리'가 모토인 사회에 살아 본 만큼 느리고 여유 있는 사회도 몸소 체험해보고 싶다. 내가 발견한 '슬로우'의 나라가 바로 초록의 핀란드이다. 🌲

"천천히, 느리게"

♣ 옐로스톤 국립공원의 주인인 '바이슨(bison)' 친구들.
얘네가 귀여운 건 우리 뿐인가?

🌲 배우 마동석이 마블리라면, 바이슨은 바요미. 함부로 건드리지만 않는다면 순한 타입.

국립공원 곳곳에서 만날 수 있는 그 이름도 동화 같은 엘크(Elk).

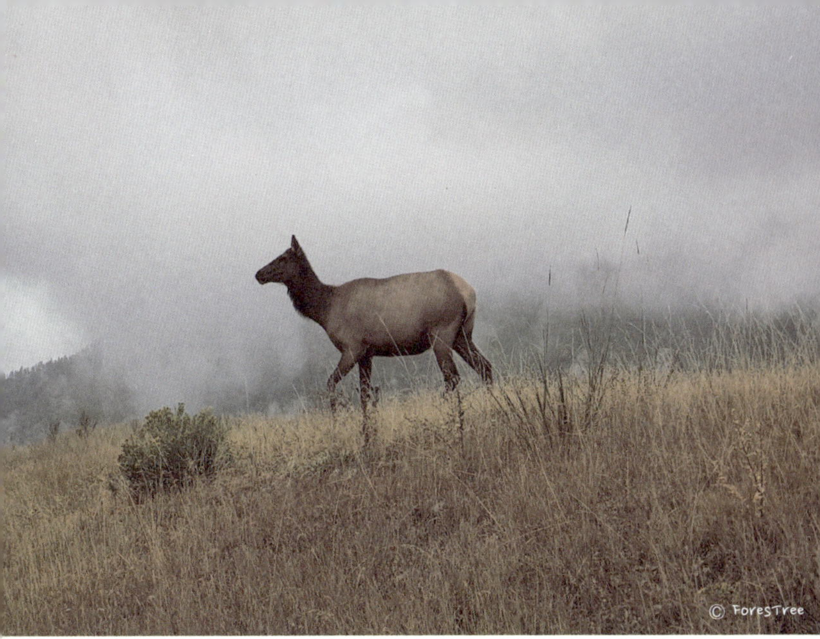
© ForesTree

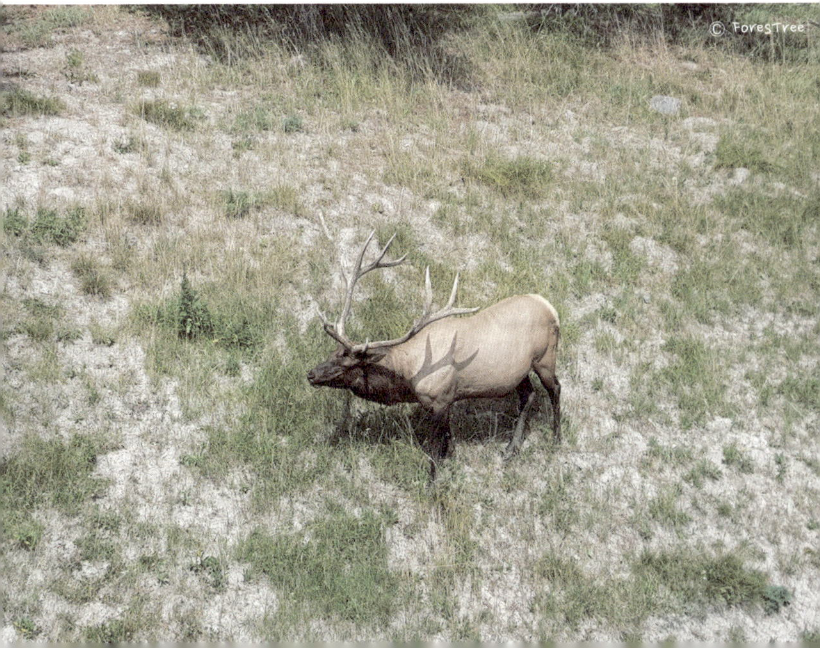
© ForesTree

이
나
무

낙관이 아닌 비관의 힘

대부분의 사람들은 긍정적이고 낙관적으로 생각하며 살기를 바란다. 쏟아져 나오는 자기 계발서에도 부정보다는 긍정의 힘이 강력하다는 것을 말하고 있다. 그것이 맞다고 한다. 언론 매체에 나오는 성공한 사람들의 비결도 긍정적인 사고와 낙관적인 태도 덕분이었다고 한다. 그런데 나는 어떤 결심을 할 때, 낙관보다는 비관의 힘으로 변화의 계기를 만든다. 내가 처한 상황이 꽤 지낼 만하고 만족스러운 경우에는 새로운 결심을 잘 하지 않는다. 마음속에 큰 동기가 생기지 않기 때문이다.

김숲은 비관의 힘을 낙관의 힘으로 바꿔보는 것을 추천했다. 비관은 신체적·정신적 건강에도 좋지 않을 것이라는 이유에서였다. 사실 나도 여태껏 낙관보다는 비관을 추구하며 살아온 자신을 두고 일어나지도 않은 걱정을 사서 하는 겁쟁이라며 몰아세웠다. 인생이 부정으로 가득차기를 바라지 않기에 생각의 회로가 잘못된 것이 아닐까 하는 고뇌에 빠졌다. 그러다 비관의 힘이 긍정의 결과를 가져온다는 연구 결과와 다양한 의견들을 찾게 되었다.

✦

심리학 박사인 줄리 K. 노럼의 저서 『걱정 많은

사람들이 잘되는 이유』에서는 '단순한 비관주의'와 차이가 있는 '방어적 비관주의자'에 대해 설명한다. 방어적 비관주의자들은 일이 잘못될 가능성을 염두하고 그런 결과가 나오지 않도록 대책을 세우는 등 많은 노력을 한다. 이렇게 불안과 걱정을 극복하는 과정을 '정신적 리허설'이라고 한다. 기대치가 낮기에 실망할 가능성도 낮아진다.

김영하 작가가 청춘페스티벌에서 했던 이야기가 나의 비관을 활용하는 전략에 근거를 제시해 준다. 그 또한 각박한 세상에서 필요한 것은 낙관보다는 비관이라고 말하며 다만, 이를 위해 건강한 개인주의가 필수적이라고 한다.

"건강한 개인주의란, 비관적으로 세상을 바라보더라도 현실을 직시하여 그 현실 속에서 최대한 즐거움을 추구하는 것을 말한다. 사람이 주변의 영향을 받는 것은 지극히 당연한 현상인데, 집단에 휩쓸리지 않기 위해서는 남들과 다르게 생각하는 것이 필요하다. 내가 무엇을 좋아하는지를 발견하고 계속해서 느끼게 되면 그 느낌의 데이터베이스가 쌓여 단단한 자아가

형성된다. 주관이 뚜렷해지면 다수의 의견에 무작정 흔들리지 않고 나의 중심을 바로잡을 수가 있다. 여기서 중요하게 고려해야하는 점은 타인의 삶을 침해하지 않는 범위에서 독립된 정신을 가지는 것이다.

요즘 우리는 다양한 정보와 경험을 선택할 수 있는 시대를 살고 있다. 예리한 지성과 민감한 감각을 갖출 수 있는 일들을 게을리하지 않으면 어느새 견고해지는 자신을 발견할 수 있으리라 믿는다."

그의 말에 나도 동의한다. 개인이 열심히 한다고 해서 성공하기가 어려워진 시대이기에 격하게 공감한다. 많은 사람들이 어려움이 닥칠 때 막연히 긍정적인 사고를 가져보라고 했지만 도무지 그 말에 공감하기 어려웠다.

나를 움직이는 건 '비관의 힘'이었다. 내가 취업을 준비할 때도 취업준비생의 삶이 지속되는 것이 괴로웠고 하루빨리 벗어나고 싶었다. 학업을 마치고 졸업을 하면 결국에는 직장을 구하는 것이 당연한 순리이다. 누구보다 잘 알지만 꿈을 이룬 내 모습을 떠오르며 긍정에 힘을 싣기보다는 지금 현재의 내가 힘들다는 비관적인 생각이 앞섰다. 좋은 결실을 맺기 위해 노력하고 있지만 실패를 가정하여 나타날 수 있는 부정적인 시나리오를 반복해 쓰기 시작했다. 불안감에 절실함이 더해져 주저 앉으려는 나를 일으켰다. 영혼 정화 연수를 계획하며 휴직 또는 퇴사를 생각하게 된 것도 지금이 행복하지 않다는 점을 비관했기 때문이었다. 현실에 충분히 만족했다면 성장을 위한 도전도 하지 않았을 것이다. 건강한 개인주의자가 되는 것도 무척 어려운 일이다. 어렵다고 흘러가는 대로만 살 수는 없기에 나름의 방법을 모색해야 한다.

✦

세상과 사람을 바라보는 방식은 천차만별이다. 무한 긍정을 추구하며 에너지를 얻는 사람이 있고 부정적 사고를 가지면서도 긍정적인 결과를 만들어 내는 사람이 있다. 각각의 장단점들이 있으며 효율을 발휘할 수 있는 부분도 다르다. 어느 한쪽이 언제나 효과적인 것은 아니다. 긍정주의자들이 볼 때 비관주의자들은 우울하고 힘이 없고 반사회적이라며 비판할 수도 있다. 하지만 방어적 비관주의로 인해 나타나는 성취는, 세상이 나를 바라보는 부정적 의견들에 명랑한 반기를 드는데 힘을 실어 준다. 🌲

"건강한 개인주의가 필요하다"

이
나
무

진정한 공부는 언제

초등학교 때는 정말 즐기며 학교를 다녔다. 당시 초등학생에게 과도한 숙제나 기대도 없었고 많은 준비를 해야 하는 시험도 없었다. 중학생이 되면서 중간·기말고사를 처음 접했고 평소에 하던 대로 수업시간에 자연스럽게 습득된 내용을 바탕으로 시험을 치렀다. 결과가 나온 날, 나는 상대적으로 매겨진 석차를 보고 충격을 받았다. 만족할 만한 성적을 받고 기뻐하는 친구들 속에서 소외되며 자괴감이 들었다.

가벼운 마음으로 즐겁게 학교생활을 했던 과거를 청산했다. 어린 마음이었지만 새로운 삶을 살기로 마음먹었다. 어떻게 하면 공부를 잘 할 수 있고 시험에서 높은 성적을 받을 수 있을지 고민한 끝에 공부를 내 삶에서 가장 중요한 1순위로 두었다. 흥미를 가지고 잘 다니던 피아노 학원을 중단하고 보습학원에 다니며 예체능을 배우기 보다는 공부에 시간을 할애하는 삶을 살았다.

✦

그때부터 지금까지 줄곧 공부는 나에게 압박감을 주었고 선생님과 부모님 모두 공부를 열심히 하고 잘 해야 나중에 커서 멋진 사람이 될 수 있다고 했다. 멋진 사람이란 높은 지위를 가지고 돈을 많이 벌어서 최대한 원하는 생활을 누리며 편하게 사는 사람이었다. 그렇다. 그런 위치에 있는 사람을 보고 "쟤 참 잘 되었다."고 말하지 않는가.

내가 진정으로 하고 싶어서 한 공부는 없었다. 중학교, 고등학교, 대학교, 대학원 시험공부와 취업준비를 위한 공부 모두, 해야만 해서 하는 공부였다. 뒤를 돌아볼 시간과 여유 따위는 없었다. 대체로 그렇게 살고 있을 거라며 스스로를 위로했다. 설령 아닐지라도 그렇게 생각해야 서러움을 덜고 버틸 수 있는 힘도 가질 수 있었다.

수능을 치고 일명 배치표대로 성적에 맞는 대학과 학과에 진학하게 되었다. 대학생활은 자유로웠고 긴 방학 동안 고등학교 때는 하지 못했던 새로운 경험을 할 수 있었다. 대학교 3학년때 까지만 그랬다. 졸업반이라는 타이틀을 달면서 다시 공부모드로 돌입하였다. 어떠한 직업군이 있고 내가 좋아하고 잘 할 수 있는 일은 무엇일지 궁금했다. 현실은, 집안 형편도 생각해야 했고 사회적 시선도 무시할 수 없었다. 여태껏 배워온 전공이라는 틀을 벗어나는 건 자존심이 용납하지 않았다.

사회의 분위기도 점점 변해갔다. 높은 물가와 낮은 임금에 먹고 사는 게 힘들어지고 빈익빈 부익부가 날로 심해지니 탄탄하지 못한 직장이 늘어갔다. 중소

기업보다는 대기업, 사기업보다는 국가기관이나 공공기관에 채용되는 것이 성공인 사회가 되어갔다. 창의적인 생각을 가지고 다방면으로 활동하며 멋진 커리어 우먼으로 일하고 싶은 욕망은 욕심으로 치부되었다. 그런 삶을 선택할 자신이 없었다.

✦

    종합적으로 내린 결론은 공무원을 준비하는 것이었다. 아마 80, 90년대에 태어난 대한민국 젊은이들의 반 이상은 공무원 시험을 준비해보겠다는 생각이나 시도를 인생에 적어도 한번 쯤은 해봤을 것이다. 대학교를 입학했을 때만 해도 공무원이 되고자 하는 열풍이 지금만큼은 아니었다. 내가 공무원 하려고 이만큼 참고 공부했나 싶은 마음에 눈길도 주지 않았다.(선견지명이 참 없는 나였다.)

    대중적인 직업의 선호도를 고려하지 않을 수 없었고 대학 전공까지 접목시켜 일거양득의 결과물을 내고 싶었다. 전공을 살려서 취업하려면 학문 특성상 석사학위가 필요했고 무리해서 대학원까지 진학하게 되었다. 낮에는 회사에서 인턴생활을 하고 저녁에는 대학원을 다니는 길을 선택하였다. 그렇게 다시 학업이 연장되고 수험생활도 시작되었다.

어쩌면 욕심이었을지도 모르겠다. 서른이 넘은 지금까지도 매달 꼬박꼬박 나가는 학자금대출의 흔적을 보고 있으면 과연 잘한 선택이었는지 자책이 되고 혼란스럽다. 무엇보다도 중요한 것은, 그토록 힘들게 얻어낸 지금의 내 생활에 행복을 느끼지 못한다는 점이다. ♣

"뒤를 돌아볼 시간과 여유 따위는 없었다"

🌲 헬싱키 오디(Oodi) 도서관 전경.

🌲 오디 도서관 내부 모습.

🌲 오디 도서관에는 재봉틀, 3D 프린터를 사용할 수 있는 공간, 악기 대여 및 연습실 제공, 방송 장비 제공 등 다양한 체험 시설이 마련되어 있었다. 누구도 문화 자원에서 소외되지 않도록 공평한 접근과 활용이 가능하리란 생각이 들었다.

🌲 핀란드 작은 마을의 도서관. 전 세계에서 국민 1인당 독서율이 가장 높은 나라이자 도서관 이용률이 세계 최고 수준인 핀란드. 아늑하고 포근한 놀이터 같은 공간의 도서관들이 많았다.

이
나
무

고달픈 취준생 연대기

세상을 살아가는 데 결실이란 것은 노력으로만 이루어진다고 믿지 않는다. 노력은 필수 요소이지만 행운이 따라 준다면 더 빠르게 또는 안될 일도 되도록 만들어준다. 특히 경쟁이 치열한 요즘 세상엔 더욱 그러하다. 운이라는 것은 언제 찾아올지 모른다. 노력할수록 성취할 가능성은 커진다고 하나 그렇지 않는 경우도 있다.

살면서 하기 싫은 일이 생길 때마다 참고 열심히 하다 보면 내가 바라는 목표를 달성하게 될 것이라고 최면을 걸었다. 취업을 준비할 때 그 최면은 최대치에 달했다. 내 나름의 최선을 다해 시험을 준비했지만 평균의 수험생활보다 조금 더 시간이 걸렸다. 하루 종일 책상 앞에 앉아있는 시간은 오롯이 혼자였지만, 멀리 노량진에서 나와 같은 생활을 하고 있는 수험생들의 모습을 간접적으로 접하며 버텨냈다. 몇 차례 불합격의 고배를 마시니 더 이상은 못하겠다며 이제 그만 멈추어 달라는 내면을 목소리가 크게 들려왔다. 사람마다 한계점이 오는 역치가 다르기에 이런 나를 보고 의지가 약하고 끈기가 부족하다고 타박해도 어쩔 수 없었다.

✦

합격을 위한 공부는 더 지속하고 싶지 않았다. 원하는 것은 소박했다. 바깥공기를 죄책감 없이 마시며 보통의 사람들이 사는 것처럼 살기를 원했다.(명품가방을 갖거나 비싼 음식을 먹고 싶은 것이 아니었다.) 그렇다고 달성하지 못한 목표를 제쳐두고 공부를 완전히 손 놓을 수는 없는 노릇이었다.

잠깐동안 이라는 전제를 두고 나를 수월하게 받아주는 곳에서 인턴생활을 해보기로 했다. 사회생활이라는 것이 쉽지는 않았지만 그래도 독서실 생활보다 사람답게 살 수 있음에 감사했다. 내 주머니에서 독서실 사용료가 나가는 것과는 반대로 월급이라는 것을 받으니 신기할 따름이었다. 긴 수험 생활의 터널 속에서 꿀 같은 휴식을 얻은 것 같았다.

그렇게 스스로 정한 2년이라는 기한이 지났다. 애초에 후련하게 훌훌 털어버리지 못했으니 일시정지를 한 셈이었다. 수험생활로 돌아가야 했다. 꽤 괜찮은 직장이었지만 딱 이 만큼이었다. 인턴 생활과 함께 시작했던 대학원 과정도 졸업하고나니 다시 불안감이 찾아왔다. 하지만 인턴부터 시작해서 무기계약직으로 전환되어 일하고 있는 직장을 그만두기에는 적지 않은 나이였다. 집에서 출퇴근을 할 수 있다는 것도 큰 장점이었다.

가지고 있는 것을 포기하지 않고 더 나은 삶을 꿈

꾸었다. 수차례 낙방했던 합격의 문턱에서 불안함과 다시 맞닥뜨리고 싶지 않았다. 낮에는 회사를 다니고 퇴근 후에는 새벽까지 공부하다 잠이 들었다. 남과 같이 해서는 남들과 다를 수 없기에 스스로에게 계속해서 채찍질을 해댔다. 잠은 턱없이 부족했지만 직장과 병행하려는 욕심을 내려놓지 못했기에 어쩔 수 없었다. 회사를 오고 가는 지하철 안에서 잠시라도 눈을 붙였다. 종점에 다다르면 기관사분이나 미화원분께서 내 어깨를 툭툭 치며 깨워주셨다(집이 종점인 덕을 보았다). 지하철 안에서의 선잠은 불편했지만 죄책감 없는 꿀잠이었다. 한두 달 지나니 맑은 정신을 유지하기가 힘들어 링거투혼을 하기도 했다.

✦

부단히 노력하던 중 '합격'이라는 두 글자를 가슴에 안을 수 있었다. 엄마를 부둥켜안으며 소리 내어 울었다. 더 이상 미래의 고용불안을 걱정하지 않아도 된다는 사실에 기쁨과 감격의 눈물이 났다.

고생한 날들이 파노라마처럼 스쳐 지나갔다. 비록 다른지역에 가서 직장생활을 해야 했지만 여기서 만족하기로 했다. 넉넉하지 않은 형편에도 새롭게 살 집은 구해야 했다. 그곳에서 지내려면 자가용도 필수였다.

예상보다 많은 지출이 불가피했다. 여러모로 원해서 하는 독립은 아니었다.

새로운 곳에서 살기 위한 채비를 간신히 끝내고 첫 출근을 하였다. 같이 일하는 동료들도 좋았고 일터에 대한 현실과 이상의 괴리감이 있긴 했지만 받아들일 수 있는 정도였다. 타향살이가 외로웠으나 머지않아 좋은 사람을 만나 가정을 꾸리고 행복하게 살 수 있을 것이란 희망으로 즐겁게 지냈다. 더 이상 합격을 위한 공부는 하지 않아도 될 것이라 생각하며 내 앞날에는 무지개 빛만 있을 거라 기대했다. ♣

"명품가방을 갖거나 비싼 음식을
먹고 싶은 것이 아니었다"

이나무

돈으로 모든 걸 살 수 있는 나라

세상에는 돈으로 살 수 없는 것들이 많다는 어른들이 말을 들었고 나도 동의했었다. 그런데 지금, 적어도 내가 살고 있는 이 시대와 나를 둘러싸고 있는 세상에서는 그 말에 더 이상 동감하기가 힘들다. 돈으로 물건을 구입하는 것은 당연한 일이지만 많은 경우 마음까지도 산다. 심지어 사람도 사고 판다. 대중교통을 타면 쉽사리 발견할 수 있는 결혼정보 회사의 광고를 보면 아주 가관이다. '나의 짝은 어디에?'라며 누구나 쉽사리 할 법한 생각으로 시작된 문구의 끝에는 '의사, 변호사, 판사 최대 보유!'를 어필하며 사람의 등급을 직업과 재산으로 줄 세워 놓는다.

지름길로 가는 상류층과의 결혼
상위 0.1% 재력가들은 어디서 만날까?
최적화된 성혼주의 서비스
고품격 의사들과의 미팅파티, VVVIP 클럽파티

소위 말해 '시집, 장가를 잘 갔다'라고 하는 것은 풀어 말하면 마음씨가 착하고 됨됨이가 바른 사람을 만났다는 것이 아니라, 사회적인 입지가 높이 평가된 사람이나 그런 집안의 사람과 결혼했다는 것을 뜻한다. 사람만 좋다며 능력이 없음을 타박하는 경우를 자주 본다. 요즘 시대에 남녀노소 구분없이 직업을 가져야 한다지만 여성의 경우, 일을 하지 않아도 남편의 경제적 능력에 의지하여 육아와 가사에만 전념할 수 있는 이를 여전히 부러워한다.

✦

 사람의 외모도 돈만 있다면 다른 얼굴과 몸으로 탈바꿈할 수 있다. 특히 우리나라는 성형에 대한 인식이 남다르고 선천적인 모습을 인위적으로 변화시켰다 하더라도 결과적으로 보기에 예쁘고 잘생긴 것이 우선이라 생각한다. 통통했던 몸도 돈을 들이면 좀 더 빠르게 날씬해 질 수 있다. 예쁘고 잘생긴 연예인들이 어느 병원에서 시술 또는 수술을 받았는지가 꿀정보로 분류된다. 날씬해진 몸과 예뻐진 얼굴로 자신감이 상승되어 안 되던 일도 잘 된다는 광고를 숱하게 보았다.

✦

 학벌과 스펙도 돈으로 살 수 있다. 개천에서 용 나는 시대는 지났다. 자녀가 입시에 성공하려면 필요한 세가지가 있다고 한다. 할아버지의 재력, 아빠의 무관심, 엄마의 정보력. 한 때 온라인 상에 떠돌던 말이다.
 내가 대학에 진학하던 때에는 내신 성적을 잘 관

리하고 수능시험을 대비한다면 충분히 승산이 있었다. 학생의 본분인 공부에 매진하며 나아가면 별 문제가 없다고 생각했다. 지금은 정시보다 수시의 비중이 높아졌고 '입학사정관제'까지 생겼다. 이제 원하는 대학에 합격하려면 여러 종류의 논술과 면접을 준비해야 한다.(무한경쟁체제 속에서 논술과 면접은 사교육의 힘을 빌리지 않을 수 없다.) 뿐만 아니라 인턴 경력이나 수상 내역 그리고 봉사실적 등이 있으면 합격 가능성이 높아진다.

이전보다 다양한 재능과 능력을 필요로 하는 시대이니 만큼 그에 맞게 입시 제도를 바꾸고 맞춤형 인재를 양성할 필요가 있다. 여기서 문제는 몇몇의 부모님은 학교와 학원을 다니느라 바쁜 자녀를 배려한답시고 돈으로 스펙을 살 수 있거나 수월하게 취득할 수 있도록 도와준다는 것이다. 그것이 '사랑'이란다. 부모가 되어보면 다 그렇다는데 전세계 모든 부모가 그렇지는 않다.

특히 돈과 명예를 가진 상류층의 자녀에게 특혜가 주어지는 일은 뉴스에서 흔하게 볼 수 있다. 공부를 하려면 본인의 확고만 의지만 있으면 되는 것이 아니고 여력이 있어야 하는데 그것이 바로 부모님의 경제력이다. 성인이 되면 오직 내 스스로의 능력만으로 삶을 꾸려가고 평가받을 줄 알았지만 결혼을 하고 나서도 부모님의 재력은 여전히 큰 영향을 미친다. 결혼을 하면 배우자와 그 부모의 재력으로 확장된다.

채용에 비리가 있거나 법을 어긴 정황이 합리적으로 추측되더라도 명명 백백히 파헤치지 못하는 이유는, 거미줄처럼 다수의 기득권 세력이 연결되어있기 때문일 것이다. 학연·지연·혈연 또는 돈으로 유기적 관계가 형성되어 있다. 가령 A의 자녀가 불합리한 방법으로 채용되었다는 의혹이 제기되면 그를 채용해 준 B의 자녀도 A의 도움으로 지금의 자리에 있게 된 것이다. 누군가가 그랬다.

"돈도 실력이야. 니네 부모를 탓해."

오랫동안 이슈가 된 말이었지만 틀린 말이었으면 좋겠다. 금수저, 흙수저라는 신조어가 많은 사람들의 공감을 산 이유는 부의 대물림이 우리의 현실임을 뜻한다.

친구들과 함께 대학을 졸업했는데 왜 나는 학자금 대출이 산더미인지 근본적인 이유를 찾다 보면 부모를 원망해야 하는 결론에 이른다. 나는 우리 부모님을 원망하고 싶지 않다. 따뜻한 밥 먹여주고 재워주고 고생하며 지금의 나를 있게 해준 노고를 감사히 생각한다. 왜 세상은 자신을 낳아주고 길러준 부모를 탓하도록 흘러가는 걸까. ♠

"나는 우리 부모님을 원망하고 싶지 않다"

이
나
무

네모공화국

우리집에서 창밖을 내다보면 바다가 보였다. 세월이 흐르면서 점점 높은 건물이 하나둘 생기더니 우후죽순 늘어났다. 지금 창밖에는 건물들만 보인다. 집값이 떨어지는 걸 우려해서 이런 풍경이 보이는 집을 '씨티뷰'라 포장한다.

산이나 바다가 눈 앞에 펼쳐진다는 것을 광고 거리로 삼으며 대결 하듯 점점 산과 바다에 더 가까이 다가간다. 처음엔 A아파트가 '오션뷰'를 테마로 걸고 마케팅을 하다가 몇년 후면 그보다 더 바다와 근접하게 지은 B아파트가 강력한 마케팅을 내세운다. A아파트에 있던 오션뷰의 타이틀이 B아파트로 넘어가면서 A아파트는 자연스레 시티뷰를 갖게된다.

나도 고층빌딩이 멋있다고 생각하던 시절이 있었다. 63빌딩이 유일한 고층으로 유명했을 때였다. 서울에 고층 주거지가 인기를 끌더니 어느 순간 부산이 서울을 능가하는 고층빌딩의 성지가 되었다. 상업용, 주거용 할 것 없이 건물만 지었다하면 고층이다. 이유가 궁금해서 주변 사람들에게 물어보면 돌아오는 답변은 이랬다.

"우리나라가 땅은 좁고 인구는 많아서 그래."
"땅값이 비싼데 최소한의 면적에 최대한 높게 지어야 돈을 많이 벌지."

"그게 바로 부산의 랜드마크인거야. 부산의 자존심! 부산시의 관광 전략인 것이지. 많이들 놀러오고 좋잖아."

✦

내가 어린시절부터 살아온 우리 동네에 무려 100층 짜리 아파트가 들어섰다. 각종 특혜 의혹과 비리 문제 속에 공사가 중단되는 듯 했으나, 결국에는 건물이 올라갔다. 보는 사람마저 아찔할 정도로 바다에 근접해 있다. 바다 전망대라고 해도 과언이 아니다. 그냥 바다에 사는 것이다. 이대로라면 향후 바다속에서도 건물이 올라가지 않을까 하는 생각도 든다. 너무 크게 자리잡고 있어서 자꾸만 눈에 보인다. 그곳을 도심공원으로 만들었다면 얼마나 많은 사람들에게 푸르른 즐거움을 주었을까.

더 이상 바다 바로 앞에 건물을 지을 땅이 없다. 부산의 가장 큰 관광지인 바닷가 앞에 떡하니 괴물이 서있는 것 같다. 셀 수 없는 세대수의 통유리창은 대한민국을 '네모공화국'으로 만들어준다.

혹여나 고층건물들이 무너지거나 창문이 깨져서 떨어질까봐 무섭다. 태풍이나 강풍이 온다는 소식을 들으면 내가 사는 건물도 아닌데 걱정이 앞선다. (사람들은 그런 내 걱정은 오지랖이라고 한다.)

　해운대 동백섬 전망대에서 보면 반대편에 있는 달맞이고개 마을은 낮은 빌라들이 옹기종이 모여 있는 한 폭의 그림 같았다. 동네주민인 나 조차도 동백섬에 가게 되면 바다와 달맞이고개가 잘 어우러져 예쁜 군락을 이루고 있는 사진을 찍어오곤 했다. 그 사진을 타지에 사는 친구에게 자랑하며 방문을 적극 권했었다. 이제는 달맞이 고개 위에 스카이 라인을 무시한 높은 건물들이 삐죽삐죽 나와있는 모습이 사진에 담긴다.

　과거의 부산이 너무 그립다. 우리나라도 핀란드처럼 자연이 함께하는 도심을 조성해서 눈과 마음에 여유를 가질 수 있으면 좋으련만. 계속해서 새로운 건물들을 지어대기만 한다. 높이 더 높이. 사람들은 고층에서 내려다보는 조망이 멋지다며 행복해한다. 숨이 막힌다. ♠

🌲 온통 네모난 것들 뿐

이
나
무

숨 쉬고 싶은 대한민국

나는 인구학자도 경제학자도 아니다. 관련 분야에 대해 전문성이라고는 1도 없지만, 감히 인구밀도에 대해 평소 해오던 생각을 써보려 한다. 지극히 나의 주관적인 의견일 뿐이다.

우리나라는 저출산 문제로 골머리를 앓고 있다. 급격한 출산율 감소와 빠른 고령화로 나라가 위기에 처했으니 아이를 낳는 것이 국가를 살리는 길이라고 한다. 국가를 살리기 이전에 본인 스스로 살길을 찾는게 급선무인 청년들은 아이를 마음껏 낳고 키울 엄두를 내지 못하고 있다. 한 가정에 한 명의 아이를 낳아 기르는 것도 버거운 실정이다.

저출산과 관련하여 국가에서도 많은 예산을 투입하고 있다. 사회적 분위기에 세뇌 당한 나는 단순히 우리나라의 절대적인 인구 수가 적다고 의식하고 있었다. 가까운 중국만 해도 인구를 줄이는게 목표인 나라이지만 우리나라는 상황이 달랐다. 기름 한 방울 나지 않는 대한민국에 자원이라고는 사람 밖에 없으니 노동인구를 늘려 돈을 벌 수 밖에 없는 구조라는 사실이 안타까웠다. 줄어드는 대한민국 인구가 염려되었고 태어나는 아이의 수를 늘려 인구 감소를 막는 것이 시급하다고 믿었다.

우리나라가 처한 현실은 참담하다. 결혼, 출산률은 날이 갈수록 최저치를 경신하고 이혼과 자살, 노인빈

곤륜 등의 부정적 삶의 지표는 전세계 상위권을 휩쓸고 있다. 근본적 원인이 무엇일지 궁금해졌다. 오랜 시간 동안 고민 끝에 내린 결론은 상당히 많은 사람들이 좁은 지역에 너무 과밀하게 모여 산다는 것이다. 지극히 주관적이고 개인적인 견해이지만, 미국 정신건강연구소의 동물 행동학자 존 칼훈(Zone B. Kalhun)이 진행한 사회실험(1968년)에 나의 의견을 기대어 본다.

가로와 세로가 210cm인 네모난 공간에 쥐 한 쌍을 풀어놓고 이들이 지내기에 최적의 상태를 만들어 놓았다. 모자랄 것 없는 유토피아 수준의 환경 속에서 쥐들은 높은 출산율을 나타내며 빠르게 번식하였다. 계속되는 상승 곡선을 이어가던 쥐의 개체수는 315일이 경과되면서 서서히 증가속도가 더디어 졌다. 실험을 시작한지 600일을 기점으로 쥐는 더 이상 번식하지 않았다. 짝짓기 경쟁이 시작된 것이다. 포화된 개체수의 쥐들 사이에서 서로를 잡아먹고 강간하며 동성애를 나타내기도 했다. 공격성이 날로 심해졌고 어느 순간 방어마저 포기했다. 암컷들은 극심한 스트레스로 인해 모성애를 잃었다. 줄어든 개체수로 인해 여유가 생겼지만 진정한 평화는 찾아오지 않았다.

아주 오래전에 행해진 실험이지만 현재 여러 가

지 사회문제들을 겪고 있는 우리들에게 시사하는 바가 크다. 절대적 인구 수는 중국이나 인도가 압도적으로 많지만 한국은 그에 비해 국토면적은 좁은 편이다. 인구밀도는 (인구가 천만명이 넘는 나라 중) 방글라데시, 대만에 이어 우리나라가 3위이다. OECD 국가로 추려보면 1위가 된다.

    더군다나 수도인 서울은 사람이 미어터진다. OECD 국가의 제1도시 인구밀도 순위조차 서울이 단연코 1위이다. 도를 넘을 정도의 집중된 인구를 분산시켜보고자 주변 지역인 경기도와 인천에도 아파트를 계속 짓다 보니 어느새 우리나라 인구의 절반이 수도권에 살고 있다.(내가 초등학교때는 1/4 수준이었다.) 그리하여 새 아파트는 끊임없이 지어지고 빌딩의 높이는 점점 높아서 신도시 천국이 되었다. 덕분에 솟구치는 집값과 물가로 그 대가를 톡톡히 치르고 있다.

◆

    물론 많은 생산인구가 주는 이점도 있겠지만 나는 과밀한 인구밀도로 파생되는 정신적 문제를 논하고자 한다. 서울에 가면 가는 길마다 사람에 치일 정도다. 사람이 너무 많아서 경쟁이 불가피하다. 적당한 경쟁이 아닌 그 정도가 심해진다면 위에서 언급한 쥐 실험의 경우처럼 스트레스가 누적되어 쉽게 화를 내고 싸우게 된다.

　밖으로 나가보면 극도로 예민하고 화가 많아 스스로 통제를 할 수 없는 사람들을 종종 본다. 일명 분노조절 장애라고 하는 정신적 문제로 인해 발생하는 사건들도 어렵지 않게 목격한다. 문득 어느날 나도 점점 그렇게 변해가고 있음을 인지했다. 개인을 둘러싸고 있는 물리적 환경이 정신적인 측면에도 굉장히 중요한 영향을 미친다는 것을 알 수 있었다.

✦

　특정 지역에 과도하게 집약된 인구로 인해 생긴 무한 경쟁과 승자독식의 사회가 아닌 여유가 있는 세상에서 지내다 보면 자연스레 말과 행동에도 여유가 묻어나게 된다. 실제로 경험해본 일이다. 모르는 사이임에도 불구하고 지나가다 눈이 마주치면 무의식적으로 밝게 인사하게 되더라. 참으로 신기했다. 인간은 사회적 동물이라는 것을 몸소 실감했다.

　저출산은 수많은 문제들을 해결할 수 있는 실마리가 될 수도 있다. 물론 국가가 저출산을 우려하며 출산을 장려하는 데는 이유가 있을 것으로 안다. 자원과 자본이 부족하다는 이유로 경제 성장에 필요한 노동력

확보를 위해 인구를 늘려야 하는 것이라면, 인구 문제를 다른 관점으로 해결할 수 있는 다양한 대안들도 한 번쯤 생각해 보았으면 한다. 고령화의 해결책으로 출산을 장려하는 것은 제 몸 하나 건사하기도 버거운 이 시대를 살아가고 있는 젊은 세대에 꽤나 무거운 짐이다. 출산율을 높이는 방법 외의 다른 요소를 개선함으로써 충분히 쾌적한 생활 환경으로 회복 할 수 있을 것이다.

출산률이 줄어들고 있는 지금 시점을 발판 삼아 가장 적당한 수준의 인구 상태(인구안정화 혹은 인구정상화)를 추구하되, 가능하다면 지역마다 균등한 삶의 질을 향유할 수 있는 정책과 제도가 있기를 바란다. 과도하게 높은 인구밀도를 완화시켜 사람들의 삶에서 조금씩 여유를 되찾을 수 있는 방법을 제시해 줄 지도 모르니 말이다. ♣

깊숲 & 이나무의 트래블러? 트러블러!

여행을 자주 다니지는 못했다. 몇 번의 장거리 여행을 오래 준비하고 잠시 다녀왔다. 그 와중에 우리에게는 언제나 에피소드들이 가득했다. 여행 좀 가보려고 하면 예기치 못한 장애물이 발목을 잡아 끈 적이 많다. 그 중에 기억에 남을 만한 큰 사건·사고들을 한 번 써봤다.

메르스 신규발령

이나무의 취업 기념으로 깊숲과 이나무는 처음으로 함께 일본 오사카로 해외여행을 가려고 했다. '싼쓰 만만세' 정신을 발휘하여 흡족 할만한 가격의 항공권과 숙박을 예약했다. 들뜬 마음으로 출국을 기다리던 중 메르스 사태가 터졌다. 감염병 검사 요원으로 채용된 이나무의 발령은 1년 후였지만, 상황이 상황인지라 바로 내일부터 출근하라는 통보를 받았다. 덕분에 여행은 수포로 돌아갔다.
항공, 숙박 등 모든 것이 이미 예약완료. 초초특가 상품으로 변경불가, 환불불가! 여행의 경험과 추억은 만들지 못했지만, 주머니 사정은 이미 여행을 마치고 돌아온 상태였다. :<

♡ 스위스 캐리어 도난 사건

처음으로 유럽여행을 갔다. 다시 말하지만 넉넉한 형편은 아니라서 왕복 60만원 특가 항공권을 찾고 찾아 큰 맘먹고 떠난 여행이었다. 설레는 마음만큼 큰 30인치 캐리어에 온갖 짐을 때려 넣고 출발했다.
여행 마지막 날, 스위스 인터라켄 역 유로 사물함에 캐리어를 넣어두고 융프라우에 올랐다. 다음 날 CCTV의 존재가 무력하게 사물함 자물쇠는 뜯겨 있고, 캐리어는 사라졌다. 신종범죄라 했다. 스위스 경찰까지 만났지만 지체할 시간이 없었다. 한국에 돌아가야 했다. 하필 왜 우리에게 이런 일이 생기는지. 그렇게 살기 좋은 스위스라는데 말이다. 갖가지 물건들은 물론 열흘 간의 추억이 담긴 소소한 기념품도 사라지고 몸은 가볍게 마음은 무겁게 귀국편 비행기를 탔다. 나중에 범인이 잡혔다고 들었지만 캐리어는 돌아오지 않았다. 스위스와 한국 보험사로부터 보상금을 받기는 했지만 돈보다 중요한 여행의 기억들은 도둑맞았다.

♀ 미국 여행 직전 캘리포니아 산불 사건, 강력 태풍

요세미티 국립공원(Yoseme National Park, USA)에서 대형 산불이 발생했다. 평소 같으면 그냥 넘길 뉴스. 우리의 두 번째 여행지는 요세미티였다. 1년 또는 그 이상의 시간과 공을 들여 준비하는 장거리 여행인지라 예기치 못한 사건이 발생해 계획이 무산되면 실망도 커진다. 사실 대체로 우리의 계획은 무난히 이행되는 일이 거의 없는 편이다. 상황을 받아들이고, 황급히 계획을 변경해야 했다. 부랴부랴 동선 수정에 돌입했다.

출발 이틀 전, 여행의 기대는 또다시 불안으로 바뀌었다. 태풍 솔릭이 한반도를 강타한다는 소식이 뉴스를 도배했다. 강풍과 폭우는 예상보다 강했다. 항공기 결항이 속출했다. 전화를 무지하게 애용하는 이나무는 항공사에 출발 당일 새벽까지도 뜬 눈으로 문의 전화를 줄기차게 해댔다. 우리 비행편을 기점으로 다시 운항이 재개되었다. 대형 태풍이 지나간 하늘은 감쪽 같이 평화를 되찾았고 안도감과 묘한 배신감을 느끼며 출발하게 되었다.

♡ 비행기 놓치는 사람은 잘 없지 않냐? 있는데... 우리!

10시간 남짓 날아 핀란드 헬싱키(Helsinki) 공항에 도착했다. 거기서 다시 국내선을 타고 최북단 라플란드(Lapland)주 이발로(Ivalo)로 향하는 비행기를 타야했다. 도착과 출발 사이에는 2시간 정도의 여유가 있었다. 하루에 한 번 운항하는 이 비행기의 환승시간이 딱이라며 기분 좋게 티켓을 예약했다.

헬싱키 공항에서 우리는 여유롭게 도착했다고 안도하며 다음 비행기 게이트 앞에서 한숨 돌리며 수다를 떨었다. 게이트 앞의 모니터를 확인하니 몇 분 사이 다른 곳으로 목적지가 변경 돼 있었다. 직원은 비행기가 이미 떠났다고 했다. 게이트 앞에 사람들이 북적였기에 탑승이 지연되는구나 생각하며 여유를 부렸다. 알고보니 그들은 다음 비행기 탑승객이었다... 맙소사!

고객센터로 달려간 우리는 짧은 영어로 자초지종을 설명했다. 직원은 문제를 해결할 방법을 적극적으로 찾아봐주었다. 여기저기 통화하더니 목적지에서 차로 3시간 정도 떨어져 있는 곳까지 갈 수 있는 비행기 티켓을 무료로 재발권 해주었다. 기다리는 동안 사용하라며 식사권도 제공해주었다. 우리의 과실을 탓하며 추가 비용을 부담하라고 해도 전혀 이상하지 않을 상황이었지만 예상 밖의 서비스를 베풀어주었다.

우여곡절 끝에 비행기에서 내려 원래의 목적지로 갈 수 있는 대중교통을 물색하던 중, 입국장에서 우리의 이름이 적힌 피켓을 발견했다. 항공사 측에서 미리 차량과 기사님을 준비해 준 것이었다.(나중에 알고 보니 여성 손님인 우리를 세심하게 배려하여 선택된 여성 기사님!)

한참을 달린 듯했다. 눈을 뜨니 도착해 있었고 미터기에 찍힌 요금은 한화로 약 40만원. 떨리는 손으로 카드를 내밀었다. 그녀는 손사래를 치며 사양했다. 비용은 항공사에서 이미 지불한 사항이라고 했다. 뜻밖의 상황에 놀라움을 금치 못했다. 푸근한 기사님은 핀란드에서의 여행이 행복한 시간과 좋은 기억으로 남길 바란다는 말을 남기고 떠났다. 핀란드의 훈훈한 첫인상이다.

🌲 초록의 결단

이
나
무

숲과 나무의 기획조정실

우리는 고등학교 친구다. 엄밀히 따지면 그때는 인사만 하는 정도의 친분이었고 같은 대학교에 다니면서 조금씩 가까워졌다. 학과가 달라서 자주는 못 봐도 가끔 만나 수다를 떨고 귀갓길도 함께했다. 열심히 살았지만 졸업하고서도 금방 취업을 하지는 못했고 20대 후반이 되면서 각자의 위치에 자리를 잡았다. 나는 회사, 김숲은 대학원에서 나름의 사회생활이라는 것을 시작하게 되었다. 그 무렵 김숲이 우리집과 아주 가깝게 이사를 오게 되었다. 덕분에 지척에 있는 서로를 틈날 때마다 편하게 불러낼 수 있었다. 수많은 이야기가 오갔고 많은 것을 공유하게 되었다.

서른이 되던 해, 사회 초년생들의 로망이자 버킷리스트 중 하나인 유럽 배낭여행을 떠나기로 했다. 그것이 나에게는 친구와 함께하는 첫 해외여행이 되었다. 스위스와 독일을 갔는데 처음 보는 유럽이라 그런지 새로운 세상이 열린 듯 했다. 고풍스러운 건축양식과 새파란 하늘은 놀라움의 연속이었다. 생소한 외국 땅이었지만 친구와 함께여서 마음이 푸근했다.

한 번의 유럽 여행을 통해서 서로 가치관이 매우 비슷하다는 사실을 알아차리고 두 번째 여행을 약속했다. 김숲의 주변에는 아주 많은 친구들이 있었다. 나는 끊임없는 가치지기를 통해 좁고 깊은 인간관계가 형성되었다면, 김숲은 오는 사람 막지 않고 가는 사람도 붙

잡았다. 그리하여 김숲은 이름 그대로 사람의 숲에 둘러쌓여 있었다. 여행은 가치관과 취향이 잘 맞는 사람과 가야 한다는 지론을 가진 나와는 다르게, 김숲은 주변의 누구와도 갈 수 있는 까다롭지 않은 큰 그릇을 가지고 있었다.

✦

김숲과 나는 가깝고 친하면서도 많이 다르다. 무엇이 통하길래 이렇게 절친한 사이가 되었는지 확실하진 않지만 아마도 너무 달라서인 듯 하다. 언뜻보면 성격이나 성향은 다르지만 같은 삶의 방식을 지향하며 세상이 어땠으면 하는 바람은 비슷하다. 대체적으로 서로 의지하며 잘 지내고 있지만 가끔 충돌이 일어나기도 한다. 그 일로 관계가 멀어지기 보다는 더욱 단단해지며 성숙을 거듭하고 있다.

우리 각자 20% 쯤 부족하다. 물론 혼자 했을 때 일의 효율이 오를 때도 있지만 함께 했을 때 시너지를 발휘하는 일이 더 많다. 부족한 영역을 서로 보완해주며 채워주고 있다. 아주 잘 맞는 사업(?) 파트너를 찾은 셈이다. 김숲과 이나무는 융합형 인재를 모토로 재밌는 일들을 함께 벌여보기로 했다.

김숲은 정보 찾기의 달인이다. 국내에 국한되지 않고 전세계의 소식과 정보를 나에게 가져와 준다. 우리가 아이디어를 함께 떠올리면 김숲은 그와 관련된 여러가지 정보를 찾아온다. 나는 그것을 토스 받아 기획 및 실행을 하고 우리에게 맞도록 조정한다. 그리하여 이른바 주식회사를 꿈꾸는 '그린 유니버시티'가 탄생한 것이다. 앞으로도 어떠한 일을 처리함에 있어 각자가 더 잘하고 자신 있는 부분을 맡아 분업하고 융합할 생각이다. 시간도 부족하고 체력도 아껴야 하기 때문이다. ♣

이
나
무

드디어 결단, 터닝포인트

사람은 다양하다. 생김새부터 성격, 성향 등 모든 부분이 대체로 다르다. 끝없는 경쟁 속에서 일하며 느끼는 성취감과 그 보상으로 행복한 사람이 있고, 아무 잘못 없는 나의 '일'조차 미워지지만 그만둘 용기는 없어 간신히 하루하루 버티는 사람이 있다. 나는 점점 후자가 되어갔고 퇴사하고 싶다는 마음이 스멀스멀 자라났다.

서른 번째 나의 생일날을 기념하여 나에게 뜻깊고 의미있는 선물을 주고 싶었다. 그날부터 김숲과 나는 새롭고 건강한 삶을 만들어 보기 위해 '자체 스터디(?)'를 시작했다.

"우리 말로만, 꿈만 꾸는 것으로만 그치지 말고 조그맣게라도 실행에 옮겨보자!"

그 다짐으로 매주 한 번 만나 하고 싶은 일들을 시도해보는 모임을 지금까지 이어가고 있다. '아이디어 떠올리기(생각)-실행에 필요한 정보 찾기(탐색)-구체적 실행 방법 의논하기(토의)'의 결과물로 적어내려간 스터디 일지를 쭉 훑어보니 새삼 우리가 대견스러웠다. 비록 일주일에 한 번이었지만 2년이 넘는 시간으로 누적되니 그 속에서 우리는 새로운 역량을 발견하게 되었다. 비로소 내 안에 잠재되어 있던 취향과 능력을 끄집어내고 있음을 알아차렸다.

◆

숲과 호수가 너무 좋아서 향했던 핀란드의 우르호 케코넨 국립공원 속을 걸으며 깊은 생각에 빠졌다. 안개처럼 흩어져 떠오르는 생각을 정리하기 위해 계속해서 걸었다.

"나는 지금 행복한가. 내가 원하는 삶은 무엇인가. 이미 자리 잡은 길에서 전환점 푯말을 세워 터닝한다면 너무 늦지는 않았을까?"

핀란드에서의 시간은 고작 열흘이었지만 내가 태어난 나라도 아닌 곳에서 머리 색도 얼굴 생김새도 다른 사람들이 참 편안했다. 사람들이 무슨 말을 하는지 잘 알아들을 수 없고 나를 어떻게 생각하는지 쉽게 알아차릴 수 없으므로 의식하지 않고 나에게 집중되는 현상은 지극히 자연스러웠다.

여행을 갔다고 하여 바삐 움직이면 머리도 함께 바빠질 것 같아서 의도적으로 느긋한 시간을 보냈다. 감히 여행이라는 단어로 이 시간을 규정하고 싶지 않았다. 모든 감각에 힘을 빼고 내 마음의 소리에 귀 기울였다.

돌아오는 비행기 안에서 나 자신에게 말했다. 정말 열심히 잘 살아왔다고. 더 늦기 전에 정말 내가 원하는 삶을 살며, 물질로는 채울 수 없는 행복을 느껴보자고. 단 일년이라도! 더 이상 미룰 수 없었다. 실행하지 않으면 앞으로 나의 인생은 눈덩이처럼 커져버린 욕구불만으로 가득 채워질 것 같았다. 멈춰야했다. 쉬어야함을 확신했다. 꿈은 꾸지만 나와는 별개라고 마음 저편에 던져놓았던 것들을 차근차근 적어 내려갔다. 머릿속 이곳저곳에 두둥실 떠있던 생각들이 디스크 조각모음처럼 정리되었다.

한국으로 돌아왔다. 그 후 치열한 고민 끝에 마침내 '퇴사'를 결심했다. 휴직을 하고 싶었지만 여의치 않았다. 회사도, 꿈도 모두 욕심낼 수 없었다. 하나를 버리면 또 다른 어떤 것을 가질 수 있다고 믿었다. 밀어붙여 보기로 했다. 경험은 무엇이든 남길 것이다. ♣

이
나
무

나는 왜 퇴사를 생각해보게 되었나

회사에서 연차도 쌓이고 책임감도 커졌다. 나의 직업에 자부심을 가지며 동시에 인정받는 존재가 되고 싶었지만 주어진 일에 그만큼 흥미와 열정이 생기지 않았다. 그토록 원했던 직장을 힘들게 들어갔는데 막상 해보니 나한테 썩 맞지 않았다. 너무 큰 환상을 가졌던 탓인지 현실이 되고 점점 익숙해지면서 편안함보다는 지겨움이 앞섰다. 나는 후배들에게 (상사들이 정의하는) 멋진 본보기가 될 자신이 없었다. 물론 흥미를 가지고 보람차게 직장 일을 하는 경우는 흔치 않다는 것을 안다. 대부분 재미와 적성으로 하는 게 아니라 밥벌이로 생각한다는 것도 안다. (처음은 아닐지언정 점점 그렇게 되어간다.)

대충 그냥 다니기에는 여기저기에서 들려오는 소리가 거슬렸다. 때때로 선배들은 나 또는 비슷한 연차의 직원들을 불러놓고 '자신만의 무기'가 있어야 한다고 했다. 내가 봤을 때는 그런 사람이 몇 없는데 자꾸만 더 열심히 하라며 압박을 해댔다. 나는 내 기준의 최선을 다하고 있지만 그들의 기준에서 한참 멀어보였다.

실상 실력으로만 진급하는 사회가 아님을 뻔히 아는데도 우리에게 실력을 운운하는 그 말들도 듣고 있기 불편했다. 언제는 윗사람에게 잘하는 부하 직원이 예쁘다 했고, 또 언제는 이제는 실력으로 차별할 것이라고 했다. 현실은 실력보다 소위 비비는 능력이 있는 사람이 한자리를 꿰찼다. '비비는 능력+돈(+실력)'의 삼박자가 맞아떨어져야 했다. 사회의 부조리함이 점점 나아지고 있다지만 아직 꽤 잔재하고 있는 사실은 부정할 수 없다. 그러면서 신규직원을 위주로 청렴교육은 줄기차게 시켰다. 받아야 할 사람은 따로 있는데 청렴 관련 교육에 차출되는 직원은 결국에 상대적으로 낮은 연차의 직원들이었다.

사실 일보다 견디기 힘든 건 인간관계였다. 일을 함께하는 데 있어 너무 맞지 않는 사람을 매일 봐야 한다는 점도 고역이었다.

✦

직장에 있는 시간보다 퇴근 후의 시간이 더 행복했던 나는, 회사에서 힘든 일이 생기는 밤이면 작은 원룸에 혼자 누워 드는 생각이 있었다.

"내가 무슨 부귀영화를 누리려고 고작 회사 하나 때문에 혼자 집을 떠나 이 고생을 하고 있는 걸까."

이런 생각들로 머릿속을 가득 채울 무렵 김숲과 많은 이야기를 나누게 되었다. 처음에는 불만만 잔뜩 늘어놓았지만 낙담으로 가득 찬 하루하루가 되지 않기를 바랐다. 가까이에서 쉽게 찾을 수 있는 방법들로 스트레스를 해소하기도 했다. 거기서 멈추지는 않았다. 점점 더 다양한 일들과 계기가 생기면서 시도해보고 싶은 영역이 넓어졌다. 두리뭉실했던 가치관도 그 색깔이 짙어지고 확실해졌다. 물질적으로 가진 것은 없지만 마음만큼은 기대에 차 있었고 조금씩 자신감이 생겼다. 인생 선배들이 귀에 딱지가 앉도록 말하던 결혼 전에 하고싶은 거 다 해보고 즐기라는 말을 받아들이기로 했다. 더 늦기 전에 실행하기로 했다. 한 살이라도 젊을 때 말이다. ♣

이
나
무

퇴사를 말하다-커밍아웃

가장 많은 시간적 여유를 두고 가장 먼저 상의 해봐야 할 존재가 가족이었다. 나를 내 자신 다음으로 걱정하고 진정으로 생각해주는 존재는 틀림없이 가족일테니. 반면 회사를 정리하기 위해서는 한 달 정도의 여유를 가지는 게 가장 적절하다고 생각했다. 회사가 아닌 내 입장에서는 적어도 그랬다.

자취생활을 하고있는 집을 정리하는 시기도 함께 고려해야했다. 결국에는 집 계약이 끝나는 날 부터 회사를 떠나기로 결정하고 그에 맞춰 다른 일들도 하나씩 정리하기 시작했다. 퇴사 시기를 기준으로 역순으로 해야 할 일들의 리스트를 정리했다.

✦

살아가는 데 있어서 커다란 정리가 적어도 한번은 필요하다는 것을 깨달았다. 정리의 시간은 터닝포인트가 되어 현재 상황을 좀 더 버티거나 힘차게 나아갈 새로운 출발점으로 삼을 수도 있다. 지금이 내 인생의 길에 아주 커다란 터닝포인트가 될 것이라 확신했다.

앞으로 하고자 하는 일들이 지금껏 살아온 방식과 다르기에 우선 넘어야 할 큰 산이 있었다. 가족들에게 나의 계획을 커밍아웃 하는 것.

이 결정을 하기까지 계기가 너무나도 많고 여러

감정이 얽혀 있어서 무엇부터 꺼내야 할지 쉽게 정해지지 않았다. 더군다나 앞으로 무엇을 하며 어떻게 살아갈지를 물을 것이 뻔한데 가족에게는 내 머릿속을 열어 그냥 다 보여주는 게 낫겠다 싶었다. 어찌됐든 내가 생각한 방향대로 밀고 나아갈 것은 확고했지만 기왕이면 가족들에게 반대보다는 응원과 지지를 받고 싶었다.

사실 30년 넘게 살아오면서 가족을 포함해 대부분의 사람들을 크게 놀라게 하거나 걱정시킬 만한 인생 좌표를 설정한 적이 없었다. 그건 누구 때문이 아닌 나 자신이 사회가 용인 할만한 선택 속에 스스로를 가두었기 때문이다. 보편적인 방식이 아닌 도드라지는 삶을 사는 것에 과도한 두려움이 있는 나는야 쫄보였으니.

✦

평소에 한 번씩 엄마에게 퇴사와 새로운 꿈에 관련된 말을 가볍게 던지곤 했다. 엄마는 대수롭지 않게 넘겼겠지만 나는 큰 그림을 그린 것이었다. 쉽사리 떨어지지 않는 입을 기어코 뗐다.

"엄마, 내가 전에 얘기했던 거 있죠. 지금부터라도 내 인생을 내가 진정 원하는 대로 살아보고 싶어요. 지금 다니는 회사가 제가 한때는 꿈에 그리고 열망했던

곳이지만 더 큰 꿈을 위해서는 회사를 놓아야만 할 것 같아요."

엄마는 도무지 이해하기가 힘들다며 말도 안 되는 소리라고 했다. 그도 그럴 것이 내가 입사 시험에 합격하기 위해 밤낮 가리지 않고 공부하며 고생했던 세월을 바로 옆에서 지켜본 사람이 엄마였다.

그 당시에도 나는 다른 회사에 재직 중이었고, 공부할 시간을 벌기 위해 퇴근하고 집에 와서 밥만 먹고 바로 독서실로 향했다. 매일 새벽 2시까지 공부하고 아침 7시 기상으로 잠이 턱없이 부족했던 시간들을… 나도 잊을 수가 없다. 공부를 마치고 집으로 돌아오는 멀지 않은 그 길이 위험하다며 늦은 밤 엄마는 종종 데리러 오셨다. 힘들고 고달팠던 기나긴 시간들을 생각하니 가슴이 먹먹해졌다. 나도 모르게 흔들리려 했지만 이내 바로 잡았다. 마음을 굳게 먹었다.

✦

이제 회사에도 말을 해야 하는 시기가 왔다. 퇴사한다는 말을 꺼내기 싫으면서도 빨리 말하고 싶은 아이러니한 마음을 가진 채 석달을 버텨왔다. 내가 정한 퇴사의 데드라인이 있는데 너무 여유를 두고 터뜨리면 별로 좋을 것이 없음을 알고 있었다. 회사에 말을 하는 순간 퍼져나가는 소문을 길게 버틸 자신이 없었다. 나를 나갈 사람으로 여기고 소외시킬 시간들도 괴로울 것이다. 그럼에도 얼른 이 커다란 짐을 털어내고 홀가분해지고 싶었다. 이랬다저랬다 갈팡질팡했다.

결전의 날(퇴사 커밍아웃)을 결정한 뒤로 카운트다운을 하면서도 퇴사에 대해 다시 한 번 생각해보는 시간을 가졌다. 답은 정했지만 그 답이 정말 나에게 올바른 결정일지, 후회하지 않을 자신이 있는지를 거듭 생각했다. 내가 내린 결정을 어느 누구의 탓으로 돌리고 싶지 않았다. 생각하면 할수록 확신이 들었고 하루빨리 정리하고 싶었다. 훗날 후회해도 어쩔 수 없었다. 후회와 자책도 다 끌어안을 생각까지 했다.

✦

스탠다드로 살아오고 있는 삶의 방식은 어느 순간부터 내 마음에는 썩 들지 않았다. 부모님과 주변 친구들에게 이런 생각을 털어놓으면 이구동성으로 하는 말이 있다. 현재 네가 가진 조건은 어디를 내놔도 부끄럽지 않다고, 지금 이 순간에도 많은 수험생들이 네가 달성한 그 자리에 가려고 힘들게 공부하고 있을 것이라고.

그렇다. 나도 5년 전에는 그랬으니깐. 하지만 현재

의 내가 아니라는데, 막상 해보니 다른 길을 가고싶다는데, 자꾸만 들려오는 내면의 목소리를 무시한 채 평생을 살 수는 없는 노릇이었다.

가장 먼저 평소에 내가 잘 따르고 의지를 했던 선배에게 나의 결심을 털어놓았다.

"저 퇴사 하려구요."

선배는 화들짝 놀라며 수십 번 이유를 물으며 그건 아니라고 말렸다. 흔들리지 않았다. 퇴사 결정을 하고도 꽤 오랜 시간 반복적으로 그 결정에 대한 이유와 만약 내가 가려던 길에 들어서 실패하게 되었을 때의 상황들을 이미 떠올려보았기 때문이다. 역시나 후회하지 않을 거라는 결론을 내렸다.

항상 나의 편에 서서 힘을 실어주던 선배도 이번에는 달랐다. 쉽사리 받아들이지 않고 나의 마음을 돌려놓을 거라며 여러 가지 대안들을 내놓았다. 그럼에도 흔들리지 않았다. 이상한 것은 그 와중에 자꾸 눈물이 났다. 누구를 위한 것이 아닌 나 좋자고 한 결정인데 눈물이 멈추질 않고 감정이 복받쳤다.

슬펐다. 직장에서 주는 월급에 감사하면서 적당한 시기에 결혼하고, 출산하고, 정신없이 살아가는 그런 삶을 현재까지 왜 살 수 없었던 것인지 원망스러웠다.

대다수의 사람들이 살아가는 방식으로 나도 살고 싶었다. 현실은 그 어느 것도 채워지지 않았다. 그게 나였다. 노력해봤는데 안되더라. 더 이상 어쩌겠냐며 울부짖었다. 어쩌면 편한 선배에게 부린 짜증 섞인 투정이었다. 눈이 퉁퉁 부었다. 그것이 나의 마음이었다.

✦

슬픔을 뒤로한 채 다음 수순을 밟았다. 직급순으로 차례차례 말씀드렸다. 똑같은 내용을 되풀이할수록 격해져 있던 감정도 누그러 들고 어느새 미소를 띠며 퇴사를 말하고 있었다. 선배의 대답처럼 퇴사는 안된다고 강조하며 내 생각이 틀린 것이라고 아주 많이 후회할 일이라고 하셨다. 장기적인 휴가도 제안하셨다. 회사에서 고작 나 하나, 직원 한명에 이렇게나 큰 배려와 관심을 가져줄거라 예상하지 못했다.

나는 말을 하면 할수록 내 상황과 감정을 이해받고 싶어졌다. 직장동료들, 특히 상사들은 직원의 퇴사를 말려야만 하는 책무를 가질 수 밖에 없을 것이라는 합리화를 했다(물론 나를 개인적으로 걱정해주는 부분도 있겠지만).

일단 좀 쉬는 것도 하나의 방법이지만 지금 다니는 회사를 일시정지 할 수 있는 방법이 없었다. 퇴사해야만 했다. 내가 알아본 바로는 나의 목적과 맞는 휴직 제도는 없었다. 나는 한국을 길게 떠나 핀란드에 가려고 했다. 거기서 지금까지와는 다르게 살아보고 싶었다. 한국에서 찌들린 내 몸과 마음을 깨끗이 씻어오고자 했다. 회사와 관련된 어떤 것에도 구애받고 싶지 않았다.

"1년 만이라도 오롯이 혼자인
진정한 자유인이 되자!" ♣

이
나
무

어쩌다 휴직

계속되는 퇴사 만류에도 나는 단단하게 굴었다. 중대한 결정이니 만큼 미리 집도 정리하고 비행기 티켓도 예약해 놓았다. 회사에서는 나를 위해서라며 퇴사를 만류했다. 감사한 일이지만 계획대로 상황이 깔끔하게 흘러가지 않아 힘들었다. 퇴사를 말한 후부터 매일 아침, 출근을 준비하면서 눈물이 났다. 해골이 복잡해져서 견딜 수가 없었다. 당장 짐을 싸서 나오고 싶었다. 일도 손에 잡히지 않았다. 심지어 잘 주차되어 있던 고급 벤츠까지 박는 사고를 내어 내 마지막 재산을 잃을까 두려움에 휩싸이기도 했다(차를 팔아 영혼 연수를 갈 생각이었다). 다행히 보험사가 해결해 주어 가슴을 쓸어 내렸다.

◆

  힘든 나날을 보내던 중 평소에 절친하게 지냈던 후배 한 명이 찾아와 나를 또 설득하기 시작했다. 그들 입장에서는 사실 나는 회사를 떠나면 그만인 사람이었다. 당분간 공백이 생기겠지만 그것도 잠깐일 것이고 나는 곧 잊혀질 것인데 왜 그렇게 온 힘을 다해 붙잡는지 이해할 수 없었다. 이유인 즉 내가 후회할 선택을 두고 볼 수 없으며 너무 무모하다는 말을 거듭했고 대안으로 휴직의 종류와 방법을 열거했다. 그 마음이

고마웠다. 입장이 바꿨다면 이렇게까지 노력과 시간을 쏟아부으며 설득할 생각을 못했을텐데...

주변의 많은 사람들이 퇴사가 아닌 다른 방법으로 내 삶에 휴식 시간을 가질 수 있도록 알아봐주고 도와주겠다고 했다. 암묵적으로 회사로부터 휴식을 허락받은 듯 했다.

애초에 휴직을 우선으로 떠올렸지만 실행으로 옮기지 못한 이유가 있었다. 사실 육아휴직, 병휴직이 아닌 이유로 회사를 쉬겠다고 하면 이해는커녕 비난의 화살이 수백차례 날아들 것이 뻔했다. 눈치가 보였다. 꾸린 가정도 키울 아이도 없는 내가, 좀 쉬겠다고 당당하게 말할 수 없었다. 내 상황에 딱 맞는 제도를 찾지 못한 이유도 있지만 동료들이 바라볼 시선이 무서웠다. 그 모든 터널을 뚫고 나갈 자신이 없었기에 회사에 정식으로 말해보지 않고 그저 혼자 속단했다.

✧

또 한 가지 이유는 본가를 떠나 혼자 지내는 시간이었다. 나는 자주 외로움을 느꼈고 내 인생은 온전히 회사로 가득 찬 느낌이었다. 사사롭게 일어나는 일들쯤은 퇴근 후에 편안하게 집에 머무르며 자연스럽게 희석될 수 있어야 하는데 타지에서의 생활은 그것조차 불가능하게 했다. 그 공허함은 이성을 만나도 채워지지 않았다. 본가의 익숙함과 편안함을 뛰어넘을 만한 안정감을 찾지 못했다. 집과 가족이라는 따뜻한 둥지로 돌아가고 싶었다. 다시는 여기로 돌아오고 싶지 않았다. 살면서 한 번씩 떠오르는 추억 정도로 간직해도 될 것 같았다. 그렇게 내 마음속에 단단히 내려진 결론이었다.

✦

회사 사람들의 예상외 반응과 관심에 돌덩이처럼 얼어있던 마음이 조금씩 움직였다. 3주간 이런저런 방법과 제안을 듣고 골똘히 생각했다. 정리하고 결단을 내려야 했다. 복잡한 해골을 청소하기 위해 김숲에게 이러한 고충을 털어놓았다.

김숲은 나의 과부하된 해골 속을 파헤치더니 이내 종이와 연필을 꺼내 뭔가를 적어 내려가기 시작했다(복잡한 상황을 메모하며 정리하는 습관은 둘다 여전하다). 내가 처한 상황, 나를 고심하게 만드는 여러가지 일들과 이유들을 나열하며 결론을 내어주었다. 중구난방 내뱉는 말에 귀 기울여주며 감정에 북받쳐 힘들어하는 나를 다독여주었다. 가히 심리학도 다웠다(그런데 본인 심리를 다스리는 것은 여전히 취약하단다).

"나도 네가 퇴사보다는 휴직을 할 수 있으면 좋겠어. 혹시 우리가 새로운 길을 가다가 일이 잘 풀리지 않거나 불행과 후회 느끼는 순간이 온다면 어떨지 생각해봤어. 누구보다 안정적인 직장을 그만 둔 네가 후회한다면 그 책임과 죄책감은 나한테도 큰 독이 될 꺼 같아. 나를 위해서도, 너를 위해서도 섣부르게 퇴사를 하는 것보다는 방법이 있다면 휴직을 하는 것이 더 나은 선택일 거야. 나는 망해도 너는 망하면 안 돼. 그게 내 진심이야..."

모든 것이 잘 풀리는 듯했으나 그게 아니었다. 퇴사가 아닌 휴직의 유일한 단점은 우리를 선발대와 후발대로 나누어 놓는다는 것이었다. 김숲은 다시 말했다.
"내가 먼저 가 있을게. 잘 정리하고 와. 나한테도 온전히 혼자인 시간이 필요했으니 이 상황이 나쁘지만은 않아. 웃으면서 그곳에서 만나자!"

"나는 망해도 너는 망하면 안 돼.
그게 내 진심이야..."

김숲 & 이나무의 영혼연주 십계명

하나. 감사한 순간마다 "감사하다"를 외친다.
　　　매일 저녁마다 감사일기에 기록한다.

둘. 여유롭게 걷는다. 건강해진다. 행복해진다.

셋. 함께 의논해서 재밌는 일들을 시도해본다.

넷. 욕심내지 않고 만족하는 법을 배운다.

다섯. '싼쓰 만만세' 정신으로 꼭 필요한 것만 소비하고
　　　소유한다

여섯. 숙박비 부담을 최소화한다.

일곱. 지구온난화에 영향을 주는 비행기 이용을 최소화
　　　한다.

여덟. 동·식물에 해가 될 수 있는 일은 하지 않는다.

아홉. 현지의 생활 방식과 문화를 존중하고 예의를 지킨다.

열. 자신을 믿고 사랑한다. ♥

김훈

살던 대로 살지 않기로 했다

오랜 친구 이나무와 '영혼정화 연수'라는 인생의 자체 프로젝트를 기획했다. 2020년, 우리는 그 기획을 실현하기로 결단했다. 그간 어떤 것들이 우리의 머릿속(우리는 속된 말로 '해골'이라고 표현한다)을 그토록 복잡하게 했는지, 어떻게 영혼정화를 해나갈 것인지, 어떤 행복을 지향하는지를 스스로에게 묻고 그 답을 찬찬히 써 내려가 보았다. 살아왔던 방식에서 멀리 떨어져 좀 다른 시간과 공간에 살며 앞으로 어떻게 살아가고 싶은지를 탐색하고 결정하고 싶었다.

이제까지는 되는대로 살았다. 내가 무엇을 원하는지 명확히 모르니 줏대 없이 휘청거리며 살았다. 그런 삶이 마음에 들지 않았고 마음이 편하지도 않았다.

◆

삶은 나이로 사는 게 아니라 방식으로 사는 것! 새로운 삶의 방식을 택하고 행동할 수 있어야 삶이 달라진다. 다채롭고 풍성한 다른 삶을 늘 원해왔지만 행동하지 못했다. 같은 방식으로 살면 나이를 먹어도 긍정적인 변화나 내면의 성숙 따위는 없다. 한해 한해 숫자만 늘어날 뿐 더 나은 배움을 얻고 더 나은 사람이 되지는 못하고 있다. 무엇보다 자신의 모습에 만족하지 못하고 있다.

더 늦기 전에 두려워도 한 번쯤 다른 방식으로 살아보려한다. 그렇게 하는 사람이 우리에겐 멋있고, 나 또한 그런 사람이 되고 싶으니. 이 시작이 우리를 도전하고 새롭게 거듭나는 사람으로 바꿔 줄 계기가 될지 또 모른다. 내가 아는 세계가 전부가 아님을 아는 사람, 나이나 조건, 타인의 방식에 얽매이지 않고 용기와 활기로 성장할 수 있는 사람. 그런 사람이 되기 위한 출발! 지금이 딱이다. ♣

"삶은 나이로 사는 게 아니라 방식으로 사는 것!"

김숲

연수간다, 영혼정화 좀 하러

'영혼정화 연수'라 해서 거창할 건 없다. 사실 명확히 무엇을 하겠노라고 말할 수도 없다. 늘상 목표와 계획을 세우고, 어디를 향해 갈 것인지를 어느 정도는 정하고 나아갔다. 시간이 지나 도착한 곳은 희한하게도 내가 원했던 그곳이 아니다. 다시 길을 잃는다. 미궁에 빠진다.

'영혼정화 연수'는 방식을 달리한다. 그냥 막 대책이 없어 보는 것. 답을 정해 놓고 끼워 맞추는 걸 그만해 보는 것이다. 뭘 하는 것보다 뭘 하지 않는 것. 초조와 불안으로 뭔가를 하고, 하고 또 하고. 사실 뭔가를 안 하는 것이 가장 어려운 게 아닌가 싶다. 최소한의 소비만 하고 아무것도 하지 않고 걷는다. 시끄럽고 복잡하고 바쁜 그 안에 살던 나를 집게로 집어 올려 익숙한 자극들로부터 떨어뜨려 놓는 게 목표라면 목표다.

정신이 산란하다. 마음이 왔다갔다 한다. 몸은 천근만근이다. 주관적으로 느끼는 통증과 불편함이 분명 있는데, 별 문제가 없단다. 이런 증상을 겪는 사람들이 아마도 많은 것 같다. 수도 없이 많은 건강법들이 소개되어 있다. 식이요법, 운동요법, 치료요법과 각종 약품들로 몸 건강을 지키라고 한다. 그뿐 아니라 정신분석, 인지치료, 정서치료, 미술치료, 심리상담, 정신의학치료에 이르는 마음 건강을 지키는 방법들도 부지기수다. 이렇게 하면 좋아질 거라는데 그렇게 할 시간이 없다. 여유를 만들 줄 모르겠다. 물론 비싸서도 못한다. 뭔가 나를 갈아 얻어낸 자본으로, 그걸 하느라 생긴 몸과 마음의 불편감을 치료하는데 쓰는 아이러니란! 이런 식이라면 아무것도 안 하고 안 아픈 게 현명한 거 아닐까?

✧

명상을 배우러 다녔다. 명상을 그냥 하면 되는 거지 배울 게 있나 싶을 수 있겠지만 명상도 과학적인 이론이 있고 훈련 방법이 있는 기술이더라. 어쨌든 명상을 하면서 뇌가 온갖 생각들을 자기 마음대로 만들어 낸다는 걸 알았다. 내가 뇌의 주인이 아니라 뇌가 나의 주인 노릇을 하는 것이다. 뇌는 항상 위험하다는 신호를 계속 보낸다. '뭘 하든 그건 위험해. 방어적으로 생각해. 싸우거나 도망갈 준비를 늘 하고 있는 게 좋겠어. 옛날에 너 그래서 후회하잖아. 앞으로는 어떻게 할 거야?' 계속 나에게 자기 마음대로 이말 저말들을 해대고 있다. 시끄럽다.

잠시 고요한 시간을 갖고 뇌가 쉼 없이 늘어놓는 생각들을 지켜본다. 지금 그 생각이 왜 튀어나오나 싶은 맥락 없는 장면들이 얼마나 어이없게 많이 스치는지 놀랍다. 보통의 경우 순간마다 뇌가 쏟아놓는 불필요한 지껄임을 자각하지 못하고 지낸다. 뇌는 자동조

정모드로 자기가 만들어 낸 자극에 내가 반응하도록 만든다. 특히 타인이나 매체들로부터 들어오는 시각, 청각 등의 외부자극들까지 가세하면 뇌는 더욱 신나서 보다 많은 생각들을 생산해 낸다. 원치 않는 생각 자극에 쉴새 없이 반응 해주다 보면 지칠 수 밖에 없다.

◆

    영혼정화 연수의 취지는 강제로 여유를 만들어 주는 것이다. '여유로워져야지, 편안해져야지'하는 건 헛수고였다. 다시 뭔가를 해야만 할 것 같은 패턴에서 벗어날 수가 없더라. 생산성, 고효율을 추구하지 않고서는 죄책감에 시달리는 고질적 습성은 쉬이 없어지지 않는다.

    원천봉쇄가 필요한 것이다. 아무것도 못하는 환경에 던져두는 것. 이건 어쩌지 저건 어쩌지하며, 해결하고 좀 더 개선하려고 동동거리는 반응을 멈춰보는 거다. 외부자극들을 조절하거나 차단하는 것은 어렵기에 자극이 덜한 곳, 초록의 그곳으로 찾아가 지내보는 것이다. 살아온 관성이 있기에 거기서도 또 뭘 하려고 들거나 불안이 스멀스멀 올라오겠지만 비우는 과정에서 해독이 그리고 재생과 회복이 일어날 것을 믿는다.

"자극과 반응 사이에는 공간이 있다. 그 공간 안에는 우리가 선택할 수 있는 힘이 있다. 그 선택이 우리의 성장과 행복에 직접 관련 되어있다."

아우슈비츠 수용소의 혹독한 자극에도 공간을 두고 절망이라는 반응을 선택하지 않은 심리학자 빅터 프랭클(Viktor Frankl)의 말이다. 우리의 영혼정화 연수가 여백의 공간을 만들고 선택할 수 있는 힘을 기르는 기회가 되길 바라본다. 🌲

"자극과 반응 사이에는 공간이 있다"

🌲 핀란드 숲 속에 지천인 베리와 버섯. 채취는 자유다. 핀란드 땅을 밟는 사람이라면 누구나 자연을 누릴 수 있는 권리(every man's right)를 보장받기 때문이다.

🌲 평온, 그 이상.

김
늪

초록심리학

언젠가부터 음악보다는 ASMR(Autonomous Sensory Meridian Response)을 찾아 듣게 되었다. ASMR은 직역하면 '자율감각 쾌락반응'이라고 하며 뇌를 자극해 심리적인 안정을 유도하는 소리를 말한다. 주로 새소리, 바람소리, 빗소리, 파도소리 같은 자연의 백색소음들을 포함한다. 사람들은 왜 그런 소리를 일부러 찾아 듣게 되었을까?

인간이 도시에 살게 된 것은 인류 전체 역사로 볼 때 최근에 일어난 일이라고 한다. 원래 인간은 숲이나 초원에서 살아왔고, 뇌는 그때의 긴 역사를 아직도 기억한 채 도시 생활로 넘어온 것이다. 생리 기능의 대부분은 자연의 영향을 받으며 진화했기 때문에 본디 인간은 자연 친화적인 유전자를 갖고 있을 수 밖에 없다. 인류학자들의 의견이다.

지금까지의 인류는 99.9% 이상의 시간을 자연 안에서 살아왔지만 현재 우리는 콘크리트 안에 살고 아스팔트 위를 걷는다. 사냥과 수렵, 채집을 하며 엄청난 운동량을 보여줬던 과거와는 달리 러닝머신 위를 뛰고 엘리베이터와 차를 타고 이동하는 것이 일상이다. 자연 속에 살도록 설계되고 진화해온 인간의 뇌는 갑작스럽게 인공의 환경으로 내몰려 긴장과 부적응을 겪고 있는 것이다. 이런 상황을 테크노 스트레스(techno-stress)라고 일컫는 학자도 있다.

나를 비롯한 현대인들이 자연의 소리를 이어폰으로나마 듣고 있는 이유는 우리가 나도 모르게 자연을 사랑하고 그리워하고 있기 때문이 아닐까. 실제로 우리 안에는 수백만 년 전부터 새겨진 자연 사랑의 유전자가 있다고 한다. 살아있는 생명체를 보고 느끼게 되는 호감이나 산과 바다 같은 자연 속에서 느끼는 편안한 감정들에는 이유가 있는 것이다. 에드워드 윌슨(Edward Wilson)이라는 사회 생물학자는 이를 바이오필리아(biophilia) 가설로 주장한다. 바이오필리아는 생명을 뜻하는 'bio'와 사랑을 뜻하는 'philia'를 합친 말이며, '초록 갈증'이라 부르기도 한다. 인간 안에는 초록을 갈망하고 자연을 사랑하며 회귀하고픈 본능이 내재되어 있다는 것이다.

✧

도시 생활이 가져다주는 편리는 크다. 그 편리만큼 부작용도 현실을 타격할 만큼 가까이 와 있다. 상쾌한 공기를 마셔 본 날이 손에 꼽을 정도다. 마스크는 어느새 언제나 구비 해둬야 하는 생필품이 되었다. 인류가 경각심을 갖고 행동하지 않는다면 지구의 수명이 그리 오래 남지 않았음을 직감할 수 있다. 이제는 도시화를 중단하고 생활권 안에 자연이 회복될 수 있도록 적극적으로 움직여야 하는게 아닐까하는 생각이 든다. 매캐한 도시 환경을 더 넓혀가는 한 인간의 정신에도 평화가 깃들 수 없을 것이다.

✦

최근 독일의 교육에 관한 이야기를 들었다. 나 자신, 타자, 그리고 자연과의 관계를 교육의 3가지 핵심으로 삼고 있단다. 우리나라에서는 다소 생소한 교육 내용이다.

불필요한 죄책감을 갖지 않고 나 자신과의 관계를 잘 맺기 위한 성교육, 타자와의 관계 속에서 목소리는 내고 민주 시민의 역할을 하도록 돕는 정치교육, 끝으로 자연과 인간의 관계를 이해하고 자연에 대한 책임있는 의식을 갖도록 하는 생태교육. 세 가지 모두 건강한 성인으로 성장하는데 필요하기에 그런 교육을 받아온 독일인들이 꽤나 부럽게 느껴진다. 한편으로 우리의 유년에 그러한 교육이 결핍돼 있어 억울한 마음이 드는 것도 사실이다. 어쨌든 가장 놀라웠던 것은 자연에 대한 교육이 하나의 중요한 부분을 차지하고 있다는 점이다. 생태교육을 받은 독일인들은 환경을 위해 소비를 포기할 수 있다는데 다수가 동의하며 소비를 하는 것에 죄책감을 느낀다고 한다. 부자가 되기 위해서는 돈을 아껴야 한다는 교훈만 전래하는 사회에 산 사람으로써, 환경을 위해 소비를 하지 않는다는 인식은 신박하기까지 했다.

독일에는 자연과 인간의 관계를 이어주는 남다른 복지제도도 있다. 4년에 한 번씩 40세 이상의 국민들이면 누구나 산림치유 기지에서 3주 동안 시간을 보낼 수 있는 정책이 그것이다.

인간은 자연과 공생해야 한다. 자연은 이제 인간의 돌봄이 시급하다. 겸손한 돌봄으로 회복된 자연이 다시 우리를 회복시켜주는 순환을 간절히 바란다. 김숲과 이나무, 포레스트리 랩도 미약하나마 목소리를 내고 활동을 보태는 사람들로 살아보려 한다. 🌲

"인간 안에는 초록을 갈망하고, 자연을 사랑하며
회귀하고픈 본능이 내재되어 있다"

김훈

다 가질 수 없다

하나를 얻으려면 다른 하나를 놓아야 한다. 모두 다 가질 수는 없다. 욕심이다. 욕심이 커지면 괴로움도 커진다. 영혼정화 연수를 떠나기로 하면서 여러 가지를 놓아보며 알았다.

맛있는 걸 많이 먹고 싶으면서 건강하고 날씬하고도 싶다. 영어공부는 안하면서 영어는 잘하고 싶다. 일은 안하면서 경제적 여유는 얻고 싶다. 이것도 하고 저것도 하고 바쁘면서 스트레스는 안 받고 싶다. 부모님은 실망시키지 않으면서 내가 살고 싶은대로 살고 싶다. 이런 식의 상충되는 욕구들을 동시에 끌어안고 매번 갈등하면서 고통 받는다. 선택을 해야한다. 한쪽을 선택하면 다른 한쪽은 포기할 줄 알아야 한다. 이제는 스스로에게 질문을 해본다. 뭘 하고 싶은 건지 뭘 포기 못하고 있는 건지! 답하기는 아직 쉽지 않다.

✦

물리적인 시간, 신체적·정신적 에너지에는 한계가 있다. 너무 무리해서 끌어다 쓰면 고갈되고 만다. 욕심을 버리지 못해서 항상 무리하게 계획을 짜고 몸을 혹사한다. 욕심을 줄이기보다 있는 것 없는 것 모조리 끌어다 욕심대로 다 하려고 했다. 당연히 해내기 버거운 계획이었지만 해내지 못한 죄책감은 내 몫이다.

악순환이다.

얻는 것이 있으면 잃어버리는 것도 반드시 있는 것. 무엇을 얻는 대신 무엇을 잃어도 괜찮은지를 생각하기로 했다. 결국 전체적인 맥락에서 플러스와 마이너스를 따지면 제로다. 잃기만 하는 인생도, 얻기만 하는 인생도 없는 것이다. 제로섬 게임 같은 것. 어차피 제로가 되는 거라면 까짓것 하고 싶은 걸 선택하자. ♣

"잃기만 하는 인생도,
얻기만 하는 인생도 없는 것이다"

김
눈

지나고 나면 다가올 의미

급작스레 코로나바이러스감염증-19(COVID-19)가 전 세계로 확산되었다. 2020년 3월 출발 예정이었던 영혼정화 연수의 여정은 무기한 연기되었다. 모든 신변을 정리하고 2020년을 비워둔 나는 이 예기치 못한 상황 앞에 이러지도, 저러지도 못하는 시절을 지나고 있다.

　　바이러스도 존재할 권리가 있는 생명체라 한다. 상황이 이렇게까지 된 것은 인간의 이기심과 욕심으로 생태계가 균형을 잃은 것이라는 말에 동감한다.

　　많은 사람들이 고통받고 있고 또 많은 사람들이 수고로 희생하고 있다. 시간이 지나면 이 전례 없던 상황도 진정될 것이고 안정으로 마무리될 것이다. 모두에게 그 이후가 더 중요할 것 같다. 바이러스가 인류에게 그리고 각자에게 안겨 준 의미있는 메시지를 잊지 않길 바란다. 어그러진 계획보다 중요한 것을 배우고 있는 중이다. 시련의 시간이 흐르고 다가온 의미는 더 나은 방향을 제시해 줄 것이다. 언제나 그랬던 것처럼. ♣

🌲 핀란드의 풍경

Thanks to.

<Negative Thanks to.>
❦ 국정농단 주역들. 조씨 일가 사태. 무처벌 마약사범 및 음주운전 범죄자들. 4대폭력을 일삼아도 가벼운 처벌로 넘어가는 분노유발 사건들. 강자에게 약하고 약자에서 강한 사회 분위기. 각종 뉴스들. 갑질. 미세먼지. 결혼정보회사. 고층빌딩. 성형만연. 우리를 괴롭힌 그대들. 그럼에도 불구하고 힘없는 우리들. 끝으로 신종 감염병 코로나19. 초록을 땡기게 한, 영혼정화의 필요를 일깨워준 갖가지 일들에 감사합니다.

<Positive Thanks to.>
❦ 책과 북 토크로 만난 『서른, 결혼대신 야반도주』 위선임&김멋지. 『여자둘이 살고있습니다』 김하나&황선우. 『나를 돌보지 않는 나에게』 정여울. 『좋아서, 혼자서』 윤동희. 『조그맣게 살거야』 진민영. 『지금 이 순간을 기억해』 이꽃송이. 『핀란드 사람들은 왜 중고가게에 갈까』 박현선. 『미국의 국립공원에서 배운다』 이지훈. 『자연이 마음을 살린다』 플로렌스 윌리엄스. 『핀란드에서 찾은 우리의 미래』 강충경. 『스웨덴의 저녁은 오후 4시에 시

이
나
무

돈으로 모든 걸 살 수 있는 나라

"명품가방을 갖거나 비싼 음식을
먹고 싶은 것이 아니었다"

작된다』 윤승희. 『우리의 불행은 당연하지 않습니다(차이나는 클라스 147회)』 김누리. 『산 넘고 물 건너 아메리카 캠핑 로드』 윤화서. 『미국 서부 여행』 김남국, 윤인섭. 『미국 국립공원을 가다』 중앙일보 Week&레저팀. 『National Parks of America & Europe』 lonely planet 작가님 외 새로운 삶의 방식과 가치를 실현하며 자신의 삶을 멋지게 꾸려가는 모습으로 용기를 준 많은 분들.

❦ 글쓰기와 책 만들기를 도와준 '내책마련' 가족들, 서점 '카프카의 밤' 계사장님, 서점 '취미는 독서' 『언젠가는, 서점』 김민채 작가님.

❦ 작업공간을 편안하고 따스한 마음으로 허락해 준 우리 동네 까페 사장님들.

❦ 착한 가격과 손쉬운 제작 방식으로 굿즈 마련에 도움을 준 「코리아 스탬프」, 「오프린트미」, 김숲과 이나무의 인디자인 원격 작업을 도와준 「Team Viewer」 프로그램.

❦ 가난한 재정에도 불구하고 영혼연수를 감행하게 도와줄 「워크어웨이」, 「트러스티드 하우스 시터」.

🌱 타국에서 친절을 베풀어주고 좋은 인상까지 심어준 '30인치 캐리어 두 개를 기꺼이 들어준 유진'. '국도에서 타이어 공기압 넣어준 생전 처음 본 아저씨'. '놓친 비행기 때문에 당황한 우리에게 친절을 베풀어준 핀에어'. '자정이 넘은 시간에 500km 장거리를 운전하여 숙소까지 안내해준 미니벤 아주머니'. '사리셀카(Saariselka) 주변의 꿀정보를 알려주시고 우리의 안전을 걱정해준 K마트 아저씨'. '코로나19로 인한 우리의 여정을 걱정해주고 배려해준 핀란드 에스포(Espoo) 숙소 호스트'. '우리의 영혼정화 연수와 앞으로의 삶을 응원해주고 지지해준 가족과 지인들'. '영혼정화 연수를 떠나게 된 계기를 우연히 듣고 많은 공감과 박수를 보내준 지하철에서 만난 할머니'외 많은 분들께 감사를 전합니다.

※ 연말 시상식 때마다 우리는 모르는 지인을 나열하며 감사 인사하는 연예인들이 불편했는데, 김숲&이나무가 이러고 있네요. 독자 여러분께 심심한 사과 말씀드립니다.

에필로그

끝난 줄 알았지?
또 다른 에피소드의 시작

우리는 지금 영혼정화 연수의 출발 앞에 서 있다. 이나무의 퇴사가 불발되고 휴직으로 결정되면서 예정된 시기인 2020년 3월에 함께 출발할 수 없게 되었다. 졸지에 선발대가 되어 버린 김숲은 먼저 여정을 시작하기로 했다. 원래 계획했던 날짜에 맞추어 개인적인 흔적들을 정리해온 터라 이나무가 휴직이 가능한 6월까지 무작정 기다리기에는 무리가 있었다. 김숲은 혼자의 시간을 갖는 것도 복잡한 해골을 정리하는데 나름의 의미가 있을 것 같았다.

김숲과 이나무의 연수 계획은 재개편되고 복잡한 상황도 다시 안정을 찾았다. 김숲은 타국에서 혼자 지낼 시간에 대한 마음도 다졌다. 현실적인 생활과 자금에 대해서도 다시 정리하고 출발을 준비했다. 이제 더 이상의 변동은 없을 거라 확신했다.

✦

2020년 설날 즈음하여 중국에서 신종 코로나 바이러스 사태가 발생했다. 확산 속도가 너무나 빠르고 위협적이라 우한시가 폐쇄되는 상황까지 이르렀다. 인접 국가인 우리나라까지 영향을 주었지만 초기 대응을 비교적 잘한 터라 확진자 증가세는 크지 않았다. 정부 역시 국민을 안심시켰고 우리도 긴장을 늦추었다. 다만 곧 출국해야 하는 김숲은 유럽과 미국 등의 서양에서 중국인을 비롯한 아시아계 사람들에 대한 인종차별이나 혐오 행동이 크게 늘어났다는 소식을 접하고 심란했다.

특정 종교단체로 인해 대구, 경북 지역에 코로나바이러스 지역감염이 시작되었다. 그러면서 한동안 한국은 중국에 이어 두 번째로 감염자 수가 많은 나라가 되었다. 소심한 김숲과 이나무는 걱정의 소용돌이에 휘말렸다. 큰 맘먹고 준비한 일생일대의 모험에 또 브레이크가 걸리는 느낌이었다. 시간이 가도 상황은 좀처럼 나아지지 않았다. 조용했던 유럽과 미국에도 확진자가 기하급수적으로 늘어나고, 사망자가 속출했다. 세계보건기구(WHO)는 코로나19 판데믹(pandemic; 세계적 대유행병)을 선언했다. 전 세계는 준 전시상황 체제에 돌입했다.

◆

어떤 계획조차 할 수 없는 상황에 직면하였다. 떠나기로 하고 모든 생활을 정리한 김숲은 붕 떠버린 시간을 표류 중이다. 김숲과 이나무는 과연 언제 출발할 수 있을까... 우리도 참 궁금하다. 좋게 생각하려고 해도 운명은 자주 우리를 곤란에 처하게 한다. 이번만은 무사히 생각한 대로, 계획한 대로 나아갈 수 있게 되기를 기대했건만. 그렇게 김숲과 이나무의 출발은 언제가 될지 묘연해졌다.

언젠가, 그러나 반드시 있을
『실행편』을 기대해 주세요 🌲

"왜 핀란드인들은 그렇게도 고요하고 편안해 보일까요?"
"우리에겐 울창한 숲이 있거든요"

영화 《카모메 식당》 중에서

초록이 땡긴다 🌲
자본지상주의 태생들의 영혼정화 보고서 -결단편-

초판 1쇄 발행 2021년 1월 21일
초판 5쇄 발행 2024년 9월 7일

글.사진 김숲 & 이나무
편집.디자인 김숲 & 이나무
펴낸이 김숲 & 이나무
펴낸곳 그린 유니버시티(Green University)
출판등록 2020년 11월 20일 제2020-000043호
이메일 greenuniv.2020@gmail.com
인스타그램 instagram.com/green_univ
홈페이지 www.greenuniversity.kr

ⓒ GREEN UNIVERSITY
ISBN 979-11-973488-7-7

· 이 책 내용의 일부 또는 전부를 재사용하려면 반드시 그린 유니버시티의 동의를 얻어야 합니다.
· 이 책은 독립출판물로 제작된 후, 정식 출간되었습니다.
· 그린 유니버시티는 독자 여러분과의 다정한 소통을 환영합니다.